W0220375

Geoffrey Trease »Ich war der Sohn eines Weinhändlers, geboren (1909) und aufgewachsen in Nottingham, der Stadt von Robin Hood, Byron, D. H. Lawrence und anderer bekannter Rebellen. Geschichte und Geschichten waren meine größten Interessen in der Jugend. Als mein Vater mir für irgendeine Auszeichnung in der Schule etwas kaufen wollte, sollte es ein Kricket-Schläger oder ein Fahrrad sein. Ich wollte stattdessen eine Schreibmaschine. Er war entsetzt, aber er kaufte sie mir. Mit einem Stipendium kam ich nach Oxford. Dort missfiel mir der trockene akademische Lehrbetrieb, aber das studentische Leben gefiel mir. Ich gab das Studium auf.

Ich wollte Schriftsteller werden, aber um mir den Lebensunterhalt zu verdienen, arbeitete ich als Sozialarbeiter in den ärmsten Gegenden Londons. Dort lernte ich sehr viel.

1933 heiratete ich und beschloss – das war ein großes Risiko –, nur noch zu schreiben. Ich hatte mitbekommen, dass die Abenteuergeschichten für Jugendliche sich seit dem 1. Weltkrieg nicht verändert hatten. Noch immer verbreiteten sie dieselben Ideen: dass die Briten irgendwie bessere Menschen wären und die Aristokraten immer Recht hätten.

Ich hatte vor, eine andere Art von Geschichten zu schreiben, mit anderen Werten, den historischen Tatsachen entsprechend.«

In der Fischer Schatzinsel sind von Geoffrey Trease auch ›Die Krone von Athen‹ (Bd. 80101) und ›Folgt der Schwarzen Feder‹ (Bd. 80092) erschienen.

Der Donner von Valmy. Frankreich, 18. Jahrhundert, kurz vor der Revolution: Der Bauernjunge Pierre wird wegen seines Maltalents von Madame de Vairmont, einer aufgeklärten Adligen, aufgenommen und lernt so das Leben der französischen Oberschicht kennen. Da Madame de Vairmont mit den Gründern des Nationalkomitees sympathisiert, reisen sie gemeinsam nach Versailles und nach Paris. Dort erlebt Pierre den Sturm auf die Bastille …

Geoffrey Trease

Der Donner von Valmy

Aus dem Englischen von
Hanns Schumacher

Fischer Taschenbuch Verlag

Fischer Schatzinsel
Herausgegeben von Markus Niesen

Veröffentlicht im Fischer Taschenbuch Verlag GmbH,
Frankfurt am Main, Mai 1998

Die englische Originalausgabe erschien 1964
unter dem Titel ›The Thunder of Valmy‹
bei Macmillan Children's Books, London
© Geoffrey Trease 1960
Für die deutschsprachige Ausgabe:
© Fischer Taschenbuch Verlag GmbH, Frankfurt am Main 1998
Alle Rechte vorbehalten
Gesamtherstellung: Clausen & Bosse, Leck
Printed in Germany
ISBN 3-596-80128-1

Nach den Regeln der neuen Rechtschreibung

1 *Wer ist der Künstler?*

Kennt ihr diesen ruhigen, gelassenen Ton, der bedrohlicher ist als das lauteste Gebrüll? Genauso sprach sie. »Wer hat das gezeichnet?«, fragte sie. Und dann: »Wer ist der Künstler?«

Die anderen rannten um ihr Leben. Ihre Holzpantinen klapperten über die Pflastersteine. Einige von ihnen stießen, als sie das Wort ›Künstler‹ hörten, ein höhnisches Gelächter aus, das mir galt, nicht ihr. »Künstler!« Ein guter Witz!

In Windeseile waren alle verschwunden, selbst Gaston auf seinen Krücken war weggehumpelt. Und auch Lucille, die immer ihren kleinen Bruder mitschleppte, weil der Anblick eines verhungernden Säuglings die Leute freigebiger machte. Ich selbst konnte nicht weg, denn die Dame versperrte mir den Weg.

Sie war fett, ein Fleischgebirge in Seide, mit einem weißen, wie eine Schneekrone wirkenden Spitzenkragen unter einem mächtigen Doppelkinn. Ihre Röcke, die sie wegen des Schlamms auf dem Hof des Gasthauses gerafft hatte, ließen sie noch größer wirken, als sie war. Sie schien den ganzen Eingang des *Lion d'Or* auszufüllen.

Das *Lion d'Or*, der ›Goldene Löwe‹, war unser Treffpunkt, damals, im Hungerwinter 1784. Unsere Eltern schickten uns Kinder hierher. Zum Betteln. Manchmal hielten hier Kutschen, um die Pferde zu wechseln. Die Passagiere nutzten dann die Zeit, um etwas zu essen. Die Gerüche aus der Küche waren eine einzige Quälerei für uns, denn selbst in normalen Zeiten bekamen wir selten Fleisch zu essen. Zu Hause reichte es oft nicht einmal für unsere übliche Suppe, ein Stück Roggenbrot und einen Becher Magermilch. Die Frau des Wirts war nett, sie stellte immer die Essensreste vor die Tür: Knochen, an denen noch Fetzen von Hammel-, Rind- oder Hühnerfleisch hingen, dazu saucetriefende Brotstücke, mit denen die Herren und Damen ihre Teller abgewischt hatten.

Die Essensreste waren für uns und führten jedes Mal zu erbitterten Kämpfen. Gaston, der Lahme, und die Mädchen wären chancenlos gewesen, hätte die Wirtin nicht ein Auge auf sie gehabt. Aber der eigentliche Grund, weswegen unsere Eltern uns hierher schickten, war Geld. Es bestand immer die Möglichkeit, dass uns die reichen Leute ein paar Sous zuwarfen, bevor sie wieder in ihre Kutsche stiegen. Dann schnappten wir uns die Münzen und rasten triumphierend nach Hause, damit unsere Familien etwas zu essen kaufen konnten. Aber der Preis dafür waren diese langen Stunden in Kälte und Regen!

»Du warst das also?«

Wie ihre Kleider, so verriet auch die Stimme der Dame, dass sie aus Paris kam.

»Ja, Madame.«

Leugnen hatte keinen Zweck, schließlich hielt ich immer noch das Stück Holzkohle in der Hand.

Sie betrachtete den Mann, den ich auf die getünchte Wand gemalt hatte.

»Wer soll das sein?«

»Niemand, Madame.«

»Lüg mich nicht an, Junge. Die Nase und das Kinn sind so gut wie ein Familienwappen. Das ist der Marquis de Morsac.«

Ich war entsetzt. Ich hätte es nie für möglich gehalten, dass jemand von außerhalb die ausgeprägten Züge des Marquis kannte. Sein Schloss lag gerade mal zehn Meilen von hier. Ob sie mich für meine Unverschämtheit prügeln lassen würde?

Wütend sah sie nicht aus. Sie sagte nur: »Zeichne mir etwas anderes.«

Ich starrte sie an. »Was denn, Madame?«

»Irgendwas.«

Sie ist verrückt, dachte ich. Aber wenn ich ihr den Gefallen tue, wird sie vielleicht was springen lassen.

Ich drehte mich wieder zur Wand, zeichnete den Steuereintreiber: dicker Bauch, Knollennase – das war einfach. Dann den Büttel und schließlich den Rekrutenanwerber. Ich sah ihn noch ganz deutlich vor mir, wie er im vergangenen Jahr hier herumstolziert war, mit seinem Schwert und seiner Schärpe und seinem Dreispitz.

Während meine Hand schwungvoll dicke, schwarze Linien auf die Mauer warf, vergaß ich die Dame. So war es immer, wenn ich zeichnete: Ich vergaß die Welt um mich herum, selbst die bohrende Leere in meinem Magen.

Plötzlich zog sie scharf die Luft ein.

»Was für Augen!«

Ich war noch so jung, ich wusste nicht, was sie meinte. Ich schaute mir die Augen der Figuren an, die ich gezeichnet hatte. Auf einer rauen Wand zu zeichnen ist nicht einfach. Trotzdem fand ich, dass ich die Verschlagenheit des Offiziers, die Geldgier des Steuereintreibers und den überheblichen Gesichtsausdruck des Marquis gut getroffen hatte.

Sie erriet, warum ich so verwirrt war. »Nicht deren Augen, du Dummkopf. Deine!«

Ich drehte mich um und sah sie mit Schafsaugen an. Ich verstand immer noch nicht. Was war mit meinen Augen? Vater sagte immer, meine Augen wären dunkel und glänzend wie Brombeeren.

»Madame?«

»Wer hat dir beigebracht, so zu zeichnen?«

»Beigebracht?« Ich starrte sie an. Niemand hatte mir jemals etwas beigebracht, nicht einmal lesen oder schreiben. Und außerdem, wie sollte sich jemand die Mühe machen, einem etwas so Natürliches – und Nutzloses – wie das Zeichnen beizubringen? So etwas war Instinkt, was sonst? Wenn ich ein Stück Brot hatte, aß ich. Wenn ich ein Stück Kreide oder Holzkohle hatte, zeichnete ich.

Die Zofe der Dame erschien, eine vertrocknete alte Schachtel, die so mager war wie ihre Herrin fett.

»Madame, das Essen ist angerichtet.«

»Sofort, Berthe.«

Madame heftete ihren Blick auf mich. Ihre Augen waren hellblau und durchdringend, aber freundlich. Sie feuerte eine ganze Salve von Fragen auf mich ab. Alter, Name, Familie ... Warum ich betteln musste? Würde mich mein Vater arbeiten lassen, wenn man mir eine Stelle anbot? Selbst wenn das bedeutete, zwanzig Meilen zu laufen?

»Ich könnte einen Jungen deines Alters gebrauchen«, sagte sie. »Für Gelegenheitsarbeiten, verstehst du. Meine Leute sagen, für mich zu arbeiten wäre die Hölle. Trotzdem bleiben sie bei mir, stimmt's, Berthe?« Sie lachte selbstgefällig in sich hinein, dann zog sie aus ihrer Geldbörse eine Münze und ließ sie in meine Hand fallen. »Da, nimm das, es hat mir Spaß gemacht, mit dir zu reden. Und jetzt lauf nach Hause ...«

»Ja, Madame.«

»Und sei in einer Stunde wieder hier, mit deinen Eltern, falls sie einverstanden sind. Man muss solche Dinge in der richtigen Reihenfolge erledigen. Ich kann dich schließlich nicht einfach verschwinden lassen. Und noch etwas, Pierre ...«

»Madame?«

»Wenn deine Eltern dich fragen, mein Name ist Madame de Vairmont. Es wäre doch fatal, wenn du mich eine fette, unbekannte Frau aus Paris nennen müsstest, oder?«

»Ja, Madame.«

Mir fiel gerade noch rechtzeitig ein, dass ich eine Verbeugung zu machen hatte, dann raste ich wie der Blitz nach Hause.

Was ich mein Zuhause nenne, war eine lang gestreckte, flache, mit fauligem Stroh gedeckte Hütte. Eine Hälfte davon bewohnten wir. Durch zwei winzige Fenster fiel ein wenig Licht auf den Lehmboden und die rauchgeschwärzten Deckenbalken. Fast leer war sie, diese Hütte. Außer Mutters Spinnrad und einer Kleidertruhe, der Madonnenfigur auf einem Sims, ein paar Kochtöpfen und einigen wenigen Möbeln war uns nichts geblieben.

Die andere Hälfte der Hütte war früher für die Kühe gewesen. Im Winter schliefen wir dort, weil die Kühe und das Heu Wärme verbreiteten. Aber wir hatten längst keine Kühe mehr. Wie fast alles andere hatten wir sie weggeben müssen, um Steuern bezahlen und Brot kaufen zu können.

Völlig außer Atem stieß ich keuchend meine Geschichte hervor.

»Als Diener?«, sagte Vater grollend. »Mein Sohn, ein Diener? Ein Lakai?« Er spuckte aus.

Er war stolz, unser Vater, zerlumpt, aber stolz. Er war Bauer, hatte immer hart gearbeitet, um uns alle zu ernähren. Aber Missernten und andere Widrigkeiten hatten ihn zu Boden gezwungen. Vor allem die Steuern. Er hatte nie einsehen können, warum sich Bauern für die Steuern krumm arbeiten mussten, während Edelleute keinen Sou zu zahlen hatten. Das hatte dazu geführt, dass er die Reichen hasste – und für die Diener, die sich um sie kümmerten, nur Verachtung übrig hatte. Mutter hatte wenig Verständnis für seine Einstellung.

»Warum nicht?«, fragte sie müde. »Immerhin leiden Lakaien keinen Hunger – zumindest darauf achten ihre Herren. Du kannst es drehen und wenden, wie du willst, du hast einfach zu viele Kinder.«

Diese Bemerkung zeigte mir, wie verzweifelt sie war. Obwohl sie natürlich Recht hatte. Ich hatte drei ältere Brüder, dazu noch zwei jüngere, Antoine und Paul, und zwei Schwestern. Vater würde nie genug Land für uns alle besitzen. Wir waren einfach zu viele.

Vater starrte sie wütend an. »Und dann auch noch zwanzig Meilen von hier! Da stimmt doch was nicht. Warum sucht sie sich ausgerechnet einen Jungen aus Valaire? Sie könnte tausend Jungen finden, die näher wohnen und nur zu gern bereit wären …«

»Natürlich wären sie das! Deren Eltern würden jedenfalls nicht lange fackeln!« Mutter trocknete sich die Hände ab und nahm eine saubere Schürze aus der Truhe. »Kann sein, dass diese Dame ein wenig dumm ist, aber sie hat unserm Pierre eine Arbeitsstelle angeboten. Also los, bevor sie es sich anders überlegt!«

Die anderen standen stumm herum, während Vater seine Holzpantinen gegen Stiefel vertauschte, seinen grauen Leinenmantel anzog und seinen runden, schwarzen Hut mit der breiten Krempe und der Silberkordel aufsetzte. Mutter packte mir mein einziges Ersatzhemd und ein paar Strümpfe ein. Jean, zwei Jahre älter als ich, zog mich zur Seite.

»Sie ist also eine vornehme Dame, diese Madame de Vairmont?«

»Ja.«

»Reich?«

»Ich nehm's an.«

»Dann schau dich mal um, wenn du in ihr Haus kommst, vielleicht kannst du was mitgehen lassen.« Seine dunklen Augen bohrten sich in meine.

»Ich bin kein Dieb …«

»Das hat mit Diebstahl nichts zu tun, nicht bei denen.« Sein hageres Gesicht kam noch näher. »Denk an uns, denk an das hier.« Jedes der Worte, die er mir ins Ohr zischte, war wie ein kleiner Giftpfeil. Er war verbittert, unser Jean. Mehr als der Rest der Familie.

Ich murmelte etwas. Ihm zu widersprechen wagte ich nicht.

»Aber pass auf«, fuhr er fort. »Lass dich nicht erwischen. Ist schlimm, wenn man sich erwischen lässt. Du willst doch nicht verprügelt werden, oder? Oder auf die Galeere geschickt werden? Aber du bist ja kein Dummkopf, Pierre, du wirst schon sehen, wie's die andern Lakaien machen. Pass auf dich auf. Und wenn du eine Chance hast, denk auch mal an uns!«

»Komm endlich, Pierre«, rief meine Mutter. Wir machten uns auf den Weg zum *Lion d'Or*.

Madame de Vairmont ließ uns nicht lange warten. Sie hatte ihre Mahlzeit fast beendet. Die Kutsche stand schon vor der Tür bereit. Nach kurzem Warten kam Madame heraus.

Die Angelegenheit war schnell geregelt. Lange Diskussionen ließ sie nicht zu, die Madame. In dieser Jahreszeit hätte sie reiche Auswahl gehabt. Überall in Frankreich trotteten Jungen über die Straßen oder verreckten in Straßengräben.

Ihre Bedingungen allerdings waren mehr als anständig. Ich sollte Kost, Logis und Kleidung erhalten, dazu ein paar Sous Taschengeld. Den Rest meines Lohnes würden meine Eltern bekommen.

Madame hatte an alles gedacht. »Pierre wird selten nach Hause laufen können«, sagte sie, »dafür ist Aulard einfach zu weit. Ich werde beim Wirt des Gasthauses eine bestimmte Summe hinterlegen. Solange er bei mir arbeitet, könnt ihr euch dort jeden Monat seinen Lohn abholen.«

»Danke, Madame«, sagte meine Mutter.

»Der Wirt weiß Bescheid. Wenn sich Pierre als anstellig erweist und tut, was ich ihm sage, werde ich mehr Geld schicken. Vielleicht sogar eine kleine Erhöhung, wer weiß? Wenn er mich verlässt oder wenn ich ihn entlassen muss, werde ich dem Wirt eine Nachricht zukommen lassen, und es gibt kein Geld mehr. Verstanden?«

»Verstanden, Madame«, brummte Vater.

»Dann sag auf Wiedersehen, Pierre. Es ist ja nicht für immer. Du wirst auch Ferien bekommen.«

Fünf Minuten später rumpelte die Kutsche die Straße hinunter. Madame und ihre Zofe saßen in der Kutsche, ich hockte hinten neben dem Diener. Die Jungen des Dorfes, meine alten Freunde und Feinde, rasten johlend und kreischend neben uns her, wagten es aber aus Angst vor dem stämmigen Diener und der langen Peitsche des Kutschers nicht, uns Steine nachzuwerfen.

Das Letzte, was ich hörte, war Gustaves höhnische Bemerkung, die er mir, im Pariser Akzent der Madame, mit schriller Stimme nachschrie: »Wer – ist – der – Künstler?«

Keiner von uns beiden, Gustave nicht und auch ich nicht, ahnte damals die wahre Bedeutung dieser Worte.

2 *Das Haus im Wald*

Den ganzen Nachmittag lang rollten wir rumpelnd und schaukelnd nach Osten. Die Räder der Kutsche wühlten sich durch Pfützen und holperten über Steine. Und während ich mir, so gut es ging, mit meinen dünnen Beinen einen festen Stand zu verschaffen suchte, klammerte ich mich an den ledernen Halteriemen.

Georges, der Diener, war ein mürrischer Bursche. Er hatte einen eleganten blauen Mantel und weiße Strümpfe an, und es schmeckte ihm offensichtlich überhaupt nicht, dass ein abgerissener Straßenjunge neben ihm stand. Als ich aber durch einen besonders heftigen Stoß fast von der Kutsche geschleudert wurde, schoss seine behandschuhte Hand hervor, um mich festzuhalten.

»Hoppla, mein Junge!«, sagte er freundlich. »Du wirst dich schnell daran gewöhnen.«

Zwanzig Meilen sind keine große Entfernung, trotzdem brachte mich die Kutsche in eine andere Welt. Jedenfalls kam es mir so vor.

Valaire liegt auf dem platten Land in der östlichen Champagne. Unser Weg führte uns über den Fluss, an dem Städtchen Morsac mit seinen wie Kerzenlöscher wirkenden Türmen vorbei in die bewaldeten Berge der Argonne, die ich bisher immer nur als dunkle Linie am abendlichen Horizont gesehen hatte. Jetzt fuhren wir mitten hinein. Die Straße schlängelte sich an schroffen Felsen vorbei und zwischen bewaldeten Hängen hindurch, die wie riesige, grün gedeckte Dächer wirkten.

Georges hatte wohl gemerkt, wie müde ich war und wie weh mir der Arm tat.

»Wir sind bald da. Nur noch knapp zwei Meilen bis zur Kate.«

Kate?, dachte ich. Madame lebt in einer einfachen Kate? Ich weiß nicht, was ich erwartet hatte. Wahrscheinlich eine Art Schloss wie das des Marquis, mit Türmen wie Pfefferstreuer an den vier Ecken und Mauern wie Klippen. Mindestens aber ein Herrenhaus mit langen Reihen blitzblanker Fenster und einer breiten Vortreppe vor der Eingangstür. Jedenfalls keine Hütte mit Lehmboden und rauchgeschwärzten Balken wie die, in der meine Familie lebte.

Dass ich solche Überlegungen anstellte, zeigt nur, wie jung und unerfahren ich noch war. Madames ›Kate‹ war natürlich ganz anders.

Als sie auftauchte, senkte sich bereits die Abenddämmerung über diesen Apriltag. Wir waren durch ein morsches, moosbewachsenes Tor gefahren und hatten die letzte halbe Meile auf einem Weg zurückgelegt, der serpentinenartig steil bergan führte. Der Weg war so eng, dass sich die Bäume rechts und links über unseren Köpfen die Hände zu geben schienen. Plötzlich war der Wald zu Ende. Vor uns lag ein kleiner See, ein lilienbewachsener Weiher, den die Strahlen der Abendsonne in gelbes Licht tauchten. Dahinter stand ein elegantes, kleines Haus, so geschickt platziert, dass es sich im Wasser des Weihers spiegelte. Es war weiß und derart mit Verzierungen überhäuft, dass ich unwillkürlich an den mit Zuckerguss überzogenen Kuchen denken musste, den ich mal in der Küche des *Lion d'Or* gesehen hatte.

»Das ist die Kate«, sagte Georges.

Der Kutscher ließ die Peitsche knallen. Die Pferde fielen in Trab, schwungvoll nahm die Kutsche die letzte Kurve und kam genau in dem Augenblick vor dem Haus zum Stehen, als sich die Tür öffnete und eine Schar aufgeregter, mit Schürzen bekleideter Mädchen herausstürzte.

Ich kletterte steifbeinig von der Kutsche. Georges ließ bereits ein Treppchen herunter, damit Madame aussteigen konnte. Sie eilte durch ein Spalier knicksender Mädchen ins Haus, die sich eine nach der anderen respektvoll verbeugten wie Halme im Wind. Entgegen meinen Erwartungen hatte sie mich nicht vergessen, denn bevor sie im Haus verschwand, rief sie: »Gebt dem Jungen etwas zu essen – und wascht ihn gründlich. Er ist schmutzig, er stinkt, und seine Haare wimmeln von Ungeziefer.«

Sie hatte natürlich Recht. Insofern war die Bemerkung nicht böse gemeint.

»Ich möchte ihn nach dem Frühstück sehen.« Dann fügte sie lachend hinzu: »Aber ich möchte ihn nicht wieder erkennen.«

Eines der Mädchen nahm mich mit hinters Haus. Ich kann mich dunkel an warmes Essen und warmes Wasser erinnern und an einen Kamm, der mir fast die Haare vom Kopf riss. Ich war so müde, dass ich alles widerspruchslos über mich ergehen ließ. Sie hätten mich schmoren können, ich hätte es nicht gemerkt. Dann schlief ich wie ein betrunkener Bauer am Ende eines Markttages.

Am nächsten Morgen hörte ich helle Stimmen aus dem Dienstmädchenzimmer.

»Was hat Madame mit ihm vor?«

»Das weiß der liebe Himmel. Wieder eine von den verrückten Ideen der alten Schachtel.«

»Psst! Der Junge hört zu.« Und ob der Junge zuhörte! Ich war mittlerweile hellwach. Meine Augen glänzten wie die blinkenden Töpfe und Pfannen um mich herum, mein Verstand war scharf wie die Messer der Köchin. Trotzdem war ich genauso ratlos wie die Mädchen. Warum nur hatte mich ihre Herrin aus der Gosse gezogen und in dieses Zuckerbäckerhaus im Wald gebracht?

Das Essen, das ich in mich hineinstopfte, war jedenfalls gut. Ich betete, dass dies kein Traum war, aus dem ich gleich mit leerem Bauch aufwachen würde. Die knusprigen Brötchen, die köstliche Butter und der Krug mit sahniger Milch sprachen jedenfalls gegen einen Traum.

Berthes verhutzeltes Gesicht erschien in der Tür. »Wisch dir den Mund ab, Junge. Zeig mir deine Hände. Gut. Madame will dich sehen.«

Sie führte mich in den vorderen Teil des Hauses. Die Küche mit den bunten Kacheln und dem blank gescheuerten Holz, dem glänzenden Kupfer und dem gemütlichen Feuer war ein angenehmer Ort, aber natürlich nicht zu vergleichen mit dem Salon. Hier strömte die Morgensonne durch hohe Fenster und brach sich in vergoldeten Spiegeln und silbernen Kerzenhaltern. Geblendet blieb ich stehen. Einen Moment lang konnte ich Madame nirgendwo entdecken, dann kam ihre ruhige Stimme mitten aus dieser gleißenden Helligkeit: »Na, Pierre, wie gefällt dir meine kleine Kate?«

Ich fuhr herum und verbeugte mich linkisch. »Ich komme mir vor wie … wie im Himmel, Madame.«

Sie lachte. »Das liegt an den Putten. Alberne Kreaturen. Immer wenn ich hochschaue, überkommt mich die Lust, ihnen den Hintern zu versohlen. Gott sei Dank erreiche ich sie nicht.«

Ich schaute nach oben. Die hohe Decke war blendend weiß gestrichen und mit Stuckverzierungen versehen – mit Blumen, Obst und dicken, kleinen, splitternackten Jungen, die mit affektiertem Lächeln auf uns herabsahen. ›Putten‹ nannte Madame diese Figuren. Ich kannte das Wort nicht, aber so ging es mir damals mit vielen Dingen, die ich sah, mit vielen Wörtern und Namen, die ich hörte. Ich wusste auch noch nicht, dass man diese Art von Ornamenten, diese Schnörkel, Verzierungen und Putten, ›Rokoko‹ nannte oder dass die Uhr auf dem Kaminsims aus ›Muschelgold‹ war, also aus vergoldeter Bronze. Damals dachte ich noch, es sei pures Gold.

Madame hatte Kakao getrunken. Sie setzte die Tasse ab. Das hauchdünne Porzellan erzeugte einen zarten, klaren Ton. Sie streckte die Hand nach ihrem Ebenholzstock aus. Ich gab ihn ihr, und sie erhob sich aus ihrem Sessel, wobei ihr ganzer massiger Körper in Wallung geriet.

»Arbeit«, sagte sie.

»Ja, Madame.«

»Hier entlang.« Sie segelte über den blank polierten Boden. Ich folgte ihr wie das hässliche Entlein dem Schwan. »Diese Tür, Pierre. Du musst lernen, mir vorauszueilen und die Tür zu öffnen.«

»Ja, Madame.«

Es war eine Doppeltür. Nach einigem Herumfummeln gelang es mir, sie zu öffnen. Ich lief rot an und spürte, wie sich meine Laune verschlechterte. Ich dachte an das, was Vater gesagt hatte, dass sie mich zu einem Lakaien machen würde, dass ich lernen müsste, Türen aufzureißen, mich zu verbeugen und bei alldem ein unbewegtes Gesicht zu machen.

Na ja, wir würden sehen. Ich würde bleiben, solange ich Lust dazu hatte, keine Minute länger. Und sollte ich das Gefühl haben, ungerecht behandelt worden zu sein, dann würde ich, wenn ich ging, zum Ausgleich etwas mitgehen lassen. Es stimmte schon, was Jean gesagt hatte: Leute zu beklauen, die so reich waren, während viele hungerten, war kein Verbrechen.

Sie rauschte an mir vorbei in das nächste Zimmer.

Ein merkwürdiger Holzrahmen stand dort. ›Staffelei‹ war auch so ein Wort, das ich damals noch nicht kannte. Überall standen und lagen Pinsel, Farbe, Leinwand, Skizzen und Bilder.

Madame lachte glucksend. »Du solltest dein Gesicht sehen. Wie dir die Augen aus dem Kopf treten und das Kinn herabfällt! Ist das so ungewöhnlich, mein junger Freund? Du bist nicht der einzige Künstler auf dieser Welt. Auch ich male.«

3 *Eine ältere Dame mit Pinsel*

»Idiot! Trottel! Dummkopf!«

Für Madame zu arbeiten war nicht einfach. Es gab Zeiten, da fiel sie mit Schimpfworten über mich her wie ein menschlicher Wirbelsturm. Dann verebbte der Sturm so plötzlich, wie er gekommen war, und die Sonne brach durch die Wolken.

In den ersten Tagen war es besonders schwer. Ich verstand einfach nicht, warum sie mich hierher gebracht hatte. Was war mit den vielen Arbeiten? Ich musste weder Schuhe putzen noch den Hof fegen, noch Eimer ausleeren.

»Deine Hände sollen die Arbeit machen, die sie am besten können«, sagte Madame, und diese Arbeit bestand darin, Farben für sie zu mischen, ihre Pinsel zu reinigen, Leinwand aufzuziehen – und zu zeichnen.

Bei einer dieser Gelegenheiten fiel sie zum ersten Mal über mich her.

»Nein!«, schrie sie donnernd. »Nicht so!« Sie machte mit dem Zeichenstift einen dicken Strich durch mein Bild. »Was ist denn los mit dir? Du sollst so zeichnen, wie du damals gezeichnet hast.«

Halb ängstlich, halb mürrisch murmelte ich: »Aber das tu ich doch, Madame. So sieht es doch in Wirklichkeit aus.« Mein Gesicht brannte. Ich hatte mir die allergrößte Mühe gegeben (jedenfalls dachte ich das), und trotzdem hatte sie einfach einen Strich durch mein Bild gemacht, weil sie es für schlechter hielt als die Karikaturen, die ich damals in Valaire an die Wand gekritzelt hatte.

Plötzlich fing sie dröhnend an zu lachen. »Jetzt verstehe ich! Du versuchst, mir zuliebe besonders sorgfältig zu sein. Das ist falsch. Ich werde dir zeigen, wie man zeichnet. Ich werde einen Künstler aus dir machen. Was ich sehen will, sind einäugige Menschen und dreibeinige Kühe.«

Ich starrte sie an. War sie jetzt endgültig übergeschnappt? Einäugige Menschen? Dreibeinige Kühe?

Daran sieht man, wie unerfahren ich damals noch war. Sie musste es mir erklären. Was sie wollte, war, dass ich mir über das, was ich zeichnete, nicht zu viele Gedanken machte. Wenn jemand seinen Kopf zur Seite gedreht hatte, sodass ich sein anderes Auge nicht sehen konnte, durfte ich nicht versuchen, es trotzdem zu zeichnen. Dasselbe galt für das vierte Bein einer Kuh, die Finger einer geballten Faust, das vom Haar verdeckte Ohr eines Mädchens.

»Du sollst das zeichnen, was du siehst«, sagte Madame mit Nachdruck, »nicht das, von dem du weißt, dass es da ist.«

Es dauerte eine Zeit lang, bis ich begriff, worauf es ihr ankam. Was sie von mir verlangte, war die Art, wie ich immer gezeichnet hatte, weil es mir und den anderen Kindern Spaß gemacht hatte. Das war es, was ihr damals so gut gefallen hatte, und genau so wollte sie es jetzt haben.

Ich schaute mir die Bilder an, die sie selbst gemalt hatte, studierte die Farben, das Licht, die Schatten.

Wie konnte eine Dame, die so etwas zustande gebracht hatte, Gefallen an meinen groben Krakeleien finden?

»Gehe!«, sagte sie immer wieder mit einer Stimme so hart wie ihr Ebenholzstöckchen. »Du musst zuerst einmal gehen lernen, mein junger Freund. Später kannst du dann rennen. Wer weiß, vielleicht lernst du sogar fliegen? Vielleicht überraschst du uns alle.«

Ich genoss diese langen Morgen im Atelier, hantierte gern mit ihren Sachen herum, lernte die Farben so zu mischen, wie sie es wollte, und hielt das Atelier sauber. Außerdem sah ich ihr gern bei der Arbeit an der Staffelei zu. Welch federleichten Strich dieses Monstrum von einer Frau hatte!

Nachdem ich meine anfängliche Nervosität abgelegt hatte, begann ich das Zeichnen zu genießen. Kein Gedanke mehr daran, bei Nacht und Nebel zu verschwinden, dafür war ich viel zu glücklich.

Mein Bruder hätte sicher ein paar Bemerkungen dazu auf Lager gehabt. Bequemes Leben, Essen und Trinken hervorragend, nichts zu tun, außer sich um eine verrückte alte Frau zu kümmern. Mach das Beste draus, hätte Jean gesagt. Sie wird schließlich nicht ewig leben. Oder vielleicht eine neue verrückte Idee haben, und ehe du dich's versiehst, bist du draußen.

Aber so bequem war mein Leben nun auch wieder nicht. Madame konnte ziemlich unangenehm werden, wenn sie mit ihrer Malerei unzufrieden war. Und wenn sie mir eine Unterrichtsstunde gab, war sie sowieso kaum zu ertragen. Allerdings wusste sie wirklich Bescheid, ich konnte viel von ihr lernen. Wie viel, das erkannte ich damals allerdings noch gar nicht.

Georges, Berthe und die anderen Dienstboten fürchteten und verehrten sie. Durch geschicktes Nachfragen erfuhr ich von Tag zu Tag mehr über sie. Als treu ergebene Dienstboten hielten sie natürlich nichts davon, über ihre Herrin zu reden – Gott bewahre! –, aber nach sechs Monaten wusste auch ich fast alles von ihr, was sie wussten. Vielleicht sogar ein bisschen mehr.

Madame de Vairmont war Witwe. Monsieur de Vairmont hatte allerdings bereits vor mehr als dreißig Jahren das Zeitliche gesegnet, sodass sich niemand mehr an ihn erinnern konnte.

In Paris war Madame eine große Dame gewesen. Voller Wehmut sprach die Dienerschaft über die alten Zeiten. Feste, Empfänge, Maskenbälle, Theateraufführungen ... Madame hatte rege am gesellschaftlichen Leben teilgenommen. Sie war in die feinsten Häuser gebeten worden, um Porträts zu malen. Einige Angehörige der Oberschicht waren sogar zu ihr gekommen, um sich malen zu lassen.

»Viele Adelige waren darunter«, erinnerte sich Berthe, und ihr kluges, kleines Gesicht wurde weich. »Marquis, Herzöge, Grafen.«

»Und Gelehrte«, fügte Georges hinzu. »Dichter, Theaterschriftsteller und Philosophen, auch Engländer, Amerikaner ...«

»Sie hätte sich mit diesem Gesindel nicht abgeben sollen.«

»Ich weiß nicht, Berthe. Ein paar von den Engländern waren Lords und hohe Herren.«

»Die waren natürlich in Ordnung. Aber die anderen nicht. Madame hatte so viele Freunde mit großen Titeln. Wäre es nach mir gegangen, kein einfacher ›Monsieur‹ hätte die Schwelle überschritten. Aber ihr kennt ja Madame, alle mussten gleich behandelt werden.«

Vor drei Jahren, erzählte Berthe, hatte dieses ausgelassene Leben urplötzlich aufgehört, so als sei ein Buch zugeklappt worden.

Madame hatte die schicke Welt satt bekommen. Sie gab ihre Wohnung in Paris auf und zog sich in diese ›Kate‹ zurück. Sie sagte, sie ziehe es vor, unter richtigen Menschen zu leben statt unter gepuderten Puppen. Ihren konsternierten Dienstboten stellte sie frei, mitzukommen oder einen Monatslohn als Abfindung zu wählen. Alle kamen mit, wenn auch murrend. Sie murrten auch jetzt, aber sie blieben.

»Die Kate hat ihr ein alter – ein sehr alter – Freund in seinem Testament vermacht. Der Duc de …«

»Keine Namen!«, sagte Berthe schnell.

Georges blinzelte mir zu. »Berthe sagt, die Duchesse lebe noch und sei wütend, weil Madame das Haus geerbt hat. Aber warum nicht? Die Freundschaft lag schließlich schon sehr, sehr lange zurück. Madame hat mir erzählt, dass sie keinen Fuß mehr in dieses Haus gesetzt hatte, seit sie ein junges Mädchen war. Erst vor drei Jahren ist sie zurückgekommen.«

»Ein großer Fehler«, sagte Berthe kopfschüttelnd.

»Warum?«, fragte ich. »Nur weil du dich hier langweilst?«

»Es ist immer ein großer Fehler, dorthin zurückzukehren, wo man als junger Mensch sehr glücklich war.«

»Warum?«

»Du stellst zu viele Fragen«, erwiderte Berthe wütend und verließ schnell die Küche.

In den Tagen Ludwigs des Vierzehnten war das Haus eine Jagdhütte gewesen. Man hatte das Gefühl, der nächste Nachbar müsse meilenweit entfernt sein, trotzdem konnte man mit einem bequemen Spaziergang Aulard erreichen. Madame ging oft dorthin, um zu zeichnen. Ich begleitete sie und trug ihre Sachen. Es war ein bettelarmes Dorf, noch ärmer als das, aus dem ich stammte.

»Ich kann Puder und Schönheitspflästerchen nicht mehr sehen«, hatte Madame erklärt. »Diese Dämchen und die affektierten, verweichlichten Offiziere und wichtigtuerischen Persönlichkeiten! Ich habe mein letztes Gesellschaftsporträt vor drei Jahren gemacht. Jetzt male ich nur noch einfache Menschen.«

Also durchstöberten wir Scheunen und Ställe und Küchen oder malten, wenn schönes Wetter war, im Freien vor der Taverne oder der Schmiede. Wir zeichneten einen betrunkenen, schlafenden Handwerker oder ein hübsches Mädchen, das am Wasser kniete und Wäsche wusch. Hauptsache, es waren Menschen ›aus dem Volk‹, wie Madame sie nannte.

»Hervorragend«, sagte sie manchmal, wenn ihr gefiel, was ich zustande gebracht hatte. »Mir ist, als könnte ich seine rauen Hände spüren und seinen nach Zwiebeln stinkenden Atem riechen.«

Dass sie sich mittlerweile auf Menschen aus dem Volk konzentrierte, war auf Chardin, einen Freund von Madame, zurückzuführen. Sein Name sagte mir ebenso wenig wie die Namen anderer Maler, lebender oder toter, französischer oder ausländischer. Madame erzählte mir, welch großartiger Künstler Chardin gewesen war und wie er sich in späteren Jahren ganz auf einfache Themen beschränkt hatte. In ihrer Stimme lag große Bewunderung.

»Ich spürte immer stärker den Wunsch, dasselbe zu tun, konnte es mir aber nicht leisten. Verstehst du, mein junger Freund? Man muss schließlich leben.«

Ich nickte zustimmend. Das verstand ich nur allzu gut.

»Nur die Reichen können es sich leisten, Bilder zu kaufen, und meistens wollen sie Bilder von sich selbst – oder von Göttern und Göttinnen.«

Ich begann, Madames Leben in Paris mit neuen Augen zu sehen. Wie es aussah, hatte selbst eine elegante Dame wie sie für ihren Lebensunterhalt arbeiten müssen. Ich hätte nie gedacht, dass man seinen Lebensunterhalt mit Kunst verdienen konnte. Und schon gar nicht hätte ich erwartet, dass eine Frau so etwas konnte.

»Allerdings, mein Lieber, allerdings!«, sagte Madame mit einem bitteren Lachen und warf ein paar wütende Striche auf den auf ihrem Schoß liegenden Zeichenblock.

Manchmal erzählte sie mir mit funkelnden Augen und scharfer Zunge Klatschgeschichten über Künstlerinnen in Paris, besonders über ihre beiden alten Rivalinnen Adelaide und Elisabeth.

»Adelaide – Madame Labille-Guyard – ist ein geschicktes Weibsbild! Sie kann malen, und Geschäftssinn hat sie auch. Kein Wunder, schließlich war ihr Vater Kaufmann. Und ehrgeizig war sie schon immer. Jetzt ist sie sogar in der Akademie. Das muss man ihr lassen: Sie setzt sich für ihr Geschlecht ein. Sie will erreichen, dass mehr Frauen Mitglied werden. Frauen sollen sogar in den Lehrkörper aufgenommen werden.«

Was die Akademie war, davon hatte ich nur eine vage Vorstellung. Ich wagte nicht, Madame zu fragen, ob sie selbst auch Mitglied war. Meinem Gefühl nach war sie es nicht.

»Adelaide malt die königliche Familie«, fuhr sie fort. »Marie-Antoinette bevorzugt allerdings Elisabeth.«

»Meinen Sie die Königin, Madame?«

»Es gibt nur eine Marie-Antoinette«, sagte Madame schnippisch. »Ist wahrscheinlich auch besser so. Elisabeth – Madame Vigée Le Brun – hat zahllose Bilder von ihr gemalt: ›Marie-Antoinette mit einer Rose‹, ›Marie-Antoinette in Samt‹, ›Marie-Antoinette und ihre Kinder‹ ... Mit all diesen Bildern könnte man inzwischen einen ganzen Katalog füllen. Aber Kataloge sind ja eher das Metier ihres Mannes.«

»Warum, Madame?«

»Weil Monsieur Le Brun Kunsthändler ist, mein junger Freund. Nach den strengen Regeln der Akademie hätte seine Frau gar nicht aufgenommen werden dürfen. Aber Regeln gelten nicht für alle. Es kommt darauf an, wer man ist – und wen man kennt.«

»Die Königin, Madame?«

Madames Fleischmassen gerieten vor Lachen in Wallung. »Von Kunst und Mode verstehst du zwar nicht viel, aber das Naheliegende siehst du.«

Auch Madame hatte schon die Königin und viele der hohen Herrschaften in Versailles gemalt, war aber irgendwann zu der Überzeugung gekommen, dass es an der Zeit war, keine Gesellschaftsporträts mehr zu malen, sondern nur noch das, was ihr gefiel.

»Wie Chardin, Madame?«

»Nicht wie Chardin«, sagte sie ziemlich spitz. »Meine

Bilder sind ganz, ganz anders. Wenn du einmal ein Bild von Chardin siehst, wirst du wissen, was ich meine. Man könnte glauben, in ganz Frankreich gäbe es keine Fenster. Ich bin da wie eine Motte, ich suche das Licht.«

Ich unterdrückte ein Lachen. Wie eine ›Motte‹! Aber ich verstand natürlich, was sie meinte. Selbst in den schlimmsten Kaschemmen, in die wir kamen, suchte sie immer irgendetwas, das Licht auf ihr Motiv warf. Eine offene Tür, ein Feuer oder das geisterhafte Grau, das durch einen kalten Kamin ins Zimmer drang. In den besseren Häusern gab es in dieser Hinsicht keine Probleme. Sie waren hell und sauber, und es gab Fenster, durch die manchmal das Grün eines Gartens zu sehen war.

»Diese Küche hat etwas Holländisches«, sagte sie dann, oder: »Dieses Bild wird eine geradezu englische Atmosphäre ausstrahlen, wenn es fertig ist.«

Sie war in England gewesen und erzählte mir oft davon. Sie hatte Tee mit Reynolds und Gainsborough getrunken, den bekanntesten englischen Malern. Auch die berühmten englischen Schriftsteller hatte sie kennen gelernt. Sie erzählte mir von Sheridan, dem Theaterschriftsteller, und Doktor Johnson, dem großen, brummigen Bär, der im Schriftstellerviertel der Fleet Street wie ein König regierte. Sie lachte, als sie von der lautstarken Auseinandersetzung erzählte, die sie und der Doktor wegen des Aufstands der amerikanischen Siedler gehabt hatten. Der Doktor war es nicht gewohnt, dass ihm Frauen widersprachen. Und Madame kannte und bewunderte England zwar, aber Amerika (das sie noch nie besucht hatte) bewunderte sie noch mehr.

»Freiheit!«, rief sie vor ihrer Staffelei stehend aus. »Wir hier in Frankreich wissen überhaupt nicht, was dieses Wort bedeutet. In Amerika, ja selbst in England ...«

Ich wurde es nie müde, ihr zuzuhören, und das war auch gut so, weil es sowieso unmöglich gewesen wäre, ihren Redefluss zu stoppen. Anfänglich kamen mir ihre Geschichten wie Märchen vor. Aber im Laufe der Monate, aus denen allmählich Jahre wurden, begriff ich, dass es das, was sie schilderte, tatsächlich gab.

In England gab es keine Hungersnot. Die Städte waren voller Leben, das Land war wie ein Garten, Kühe und Schafe waren doppelt so groß wie unsere, und selbst dem geringsten Arbeiter ging es gut. Zwar gab es auch in England einen König, aber im Gegensatz zum französischen König konnte er nicht machen, was er wollte. Die Verabschiedung von Gesetzen und die Festsetzung von Steuern waren Aufgabe einer Nationalversammlung – des Parlaments. Die Gesetze galten für alle, und alle waren steuerpflichtig.

»Selbst die Herzöge und Grafen, Madame?«, fragte ich ungläubig.

»Alle, Pierre, die ganze Bagage. Tatsächlich müssen die Adeligen, wenn sie zu ihrem Adel auch noch reich sind, mehr bezahlen als die Armen.«

Das klang nach einem Land, in dem alles drunter und drüber ging, aber es gefiel mir. Außerdem saßen in der Nationalversammlung nicht nur die Adeligen und Bischöfe, sondern auch Kaufleute, Rechtsanwälte und Bauern. Selbst Mr. Sheridan, der Schriftsteller, war ›Member of Parliament‹. Bei uns in Frankreich wären diese Leute ein Nichts gewesen.

»In England kann jeder alles erreichen«, sagte Madame, »es hängt allein von ihm oder ihr selbst ab. Um es mit Voltaires Worten zu sagen: ›Talent ist der Schlüssel zum Ruhm.‹«

Ich fragte mich, ob sie die Engländer nicht mehr verherrlichte, als sie es verdient hatten. Wenn sie so perfekt waren, wenn sie Freiheit und Gerechtigkeit über alles stellten, warum hatten die Amerikaner dann einen Krieg gegen sie geführt, um sie loszuwerden?

Madame nahm solche Fragen nicht krumm.

»Da ist was dran, mein junger Freund! Aber die Angelegenheit ist ziemlich kompliziert. Die Schuld liegt bei König George und seinen beschränkten, selbstgefälligen Ministern. Viele Engländer haben mit den Amerikanern sympathisiert, leider waren sie zu wenige, um den Krieg zu verhindern.«

Einige Engländer hatten sogar den Atlantik überquert, um unter dem amerikanischen General Washington zu dienen. Auch Franzosen hatten das getan. Madame erzählte mir von dem wagemutigen jungen Lafayette. Sie wurde immer aufgeregter und begann schließlich, aus der Unabhängigkeitserklärung zu zitieren:

»All men are created equal. They have a right to life, liberty, and the pursuit of happiness ... Whenever any form of government becomes destructive of those ends it is the right of the people to alter or abolish it, and to institute a new government ...«

Als sie meinen verständnislosen Blick bemerkte, übersetzte sie den Text für mich – ich schaute noch verständnisloser. Rechte, Freiheit, Glück ... Gleichheit ... Recht des Volks ... Ich wusste nicht, was sie mit diesen Worten meinte.

»Eines Tages wirst du das verstehen«, sagte sie geheimnisvoll. »Die Amerikaner haben ihre Revolution gerade hinter sich. Die Engländer hatten ihre schon vor fast hundert Jahren. Als Nächste sind wir dran.«

4 Ein Besucher aus der Vergangenheit

Das alles zu erzählen hat eine ganze Weile gedauert. Aber es ist wichtig, dass ihr Madame versteht, und sie ist nun mal keine Person, die man mit wenigen Worten schildern kann. Jedenfalls hat der Teil meines Lebens, von dem ich euch bis jetzt erzählt habe, fünf Jahre gedauert, bis ich fast sechzehn war.

In diesen fünf Jahren hat mir Madame alles beigebracht, was sie wusste und konnte. Nach meinen Schwarzweißzeichnungen kamen Farbzeichnungen dran, zuerst mit Pastellfarben, weil sie einfacher sind als Ölfarben. Allerdings sind die Bilder nicht so dauerhaft.

»Das macht nichts, mein junger Freund«, neckte sie mich, »noch sind deine Bilder es nicht wert, aufgehoben zu werden.«

Die Bemerkung ärgerte mich, und das sollte sie wohl auch. Ich stürzte mich wie ein Verrückter in die Arbeit, und schon bald durfte ich Ölfarben benutzen.

Ich lernte mehr als nur malen. Sie brachte mir bei, wie man sich richtig ausdrückt, ich lernte lesen und schreiben, logisch denken und vieles mehr. Saubere Hände, gepflegte Haare und ordentliche Taschentücher waren Dinge, bei denen sie kein Pardon kannte. Lügen, Ausreden, Launen oder Gemeinheiten duldete sie nicht. Sie war äußerst freigebig und konnte ihr letztes Hemd hergeben, wenn aber jemand sie auch nur um einen Sou betrog, wurde sie zur Furie.

Madame war meine Schule und meine Universität.

Besucher waren ausgesprochen rar. Madame pflegte ihre alten Freundschaften per Brief. Hin und wieder kam jemand und blieb eine Nacht oder zwei. In den meisten Fällen handelte es sich um Besucher, die auf dem Weg zur Grenze waren oder gerade von dort kamen: andere Künstler, Schriftsteller, Wissenschaftler oder Musiker, unterwegs nach Österreich oder Preußen oder einem der kleineren deutschen Staaten.

In Aulard selbst, wo sie bei den Bewohnern größtes Ansehen genoss, gab es nur zwei Menschen mit Bildung, denen sie sich freundschaftlich verbunden fühlte. Einer von ihnen war Monsieur Legrand, der Apotheker. Der Bezirk war zu arm, um sich einen Arzt leisten zu können. Der andere war Vater Gamain, der Gemeindepfarrer.

Mit beiden führte Madame hitzige Diskussionen. Sie hasste es, Medikamente einzunehmen. Sie »glaube nicht an so etwas«, verkündete sie immer wieder. Und eine regelmäßige Kirchgängerin war sie auch nicht. Trotzdem hielten die beiden Männer große Stücke auf sie und nahmen daher oft den Weg durch den Wald auf sich, um mit Madame zu Mittag zu essen.

Wie flogen bei solchen Gelegenheiten die Argumente über meinen Kopf hinweg hin und her! Es ging um Wissenschaft und Religion, um Kunst und Literatur, um Philosophie und Politik. Besonders um Politik.

In einem Punkt waren sich alle einig. Wenn Frankreich noch lange so weitermachte wie bisher, würde dies geradewegs in die Katastrophe führen.

»Ein System, das die Armen besteuert und den Adel ungeschoren lässt, ist von Grund auf verrückt«, erklärte Madame. »Kein Wunder, dass die Regierung bankrott ist.«

Vater Gamain gab dem Hof die Schuld, nicht dem König, aber der Königin und ihrem Hofstaat.

»Das Geld wird für prunkvolle Feste und Diamanten, für Kartenspiele und Kleidung ausgegeben. Man sagt, sie hat so viele Kleider, viele Hunderte, dass man ihr jeden Morgen im Bett ein Musterbuch präsentiert, aus dem sie das auswählt, was sie an diesem Tag tragen möchte.«

»Das stimmt«, sagte Madame.

»Und währenddessen müssen gute Christen hungern.«

»Christen?«, echote Monsieur Legrand verächtlich. »Und wie sieht es mit Ihrer Kirche aus, verehrter Freund? Wie viel Steuern zahlt sie an den Staat? Nicht einen Sou, nicht einmal so viel, wie der Vater dieses Jungen für sein bisschen Land bezahlt. Die Kirche ist genauso schlimm wie der Adel. Einige eurer Bischöfe leben wie die Fürsten. Von wegen Christen!«

»Ich gebe Ihnen Recht ...«

»Sie geben mir Recht, Vater?«

Der Priester nickte. »In der Kirche gibt es genauso viele Missstände zu beseitigen wie im Staat.«

»Lassen Sie das nur nicht Ihren Bischof hören!«

»Ich habe meinen Bischof schon seit zehn Jahren nicht mehr gesehen«, seufzte Vater Gamain. »Er kennt vermutlich nicht einmal meinen Namen. Aber ich kann Ihnen versichern, Monsieur, dass von all dem Reichtum der Kirche nichts den Weg in meine Taschen findet.«

Das war nur zu wahr. Wie viele Priester, so war auch Vater Gamain ebenso arm wie die anderen Dorfbewohner. »Für ihn ist jeden Tag Freitag«, pflegte Madame zu sagen. »Fleisch bekommt er nur zu sehen, wenn er zum Mittagessen hierher kommt.« Vater Gamain war blass und ausgemergelt, trotzdem beklagte er sich nie.

An vielen Abenden ließ ich ihre Diskussionen einfach über mich ergehen und hörte nur mit halbem Ohr zu. Anfänglich war ich sowieso zu jung, um ihren politischen Gesprächen folgen zu können.

Madame verstand das. Manchmal sagte sie: »Es ist nicht gut für dich, wenn du so viel Zeit mit uns Alten verbringst. Nimm dir morgen frei und geh irgendwohin, wo du wie ein Junge sein kannst.«

Also nahm ich mir frei. Ich ging angeln, kletterte auf Bäume und schwamm in den Weihern, die es in den Wäldern gab. Manchmal ritt ich auch auf einem der Pferde oder unternahm lange Wanderungen. In diesen Jahren lernte ich unseren Teil der Argonne kennen: die weiten Wälder, die tiefen Schluchten, vor allem aber die Aussichtspunkte, die mir einen herrlichen Blick über die nahe und ferne Umgebung boten, von der Madame mir schon so viel erzählt hatte.

In westlicher Richtung, zu meinen Füßen, lagen die Ebenen Frankreichs, immer wieder unterbrochen von Dörfern, deren Namen ich nach und nach kennen lernte: Sainte-Menehould und Valmy und die anderen. In der Ferne, von hier aus nicht auszumachen, lagen die großen Städte, die ich eines Tages besuchen wollte. Reims, Paris, Versailles – klangvolle Namen. Was bedeutete dagegen schon Valmy? Was konnte an einem Ort wie Valmy schon Bedeutendes passieren?

In Richtung Osten waren die Landschaften und Namen geheimnisvoller, romantischer, denn hinter den Hügeln lag die Grenze. Von dem Land dahinter, das ich über die Baumwipfel hinweg in der rauchblauen Ferne nur undeutlich sehen konnte, hatte ich keine klare Vorstellung. Ich wusste nur, dass dort Österreich und die österreichischen Niederlande lagen, Preußen und die deutschen Kleinstaaten, Polen und die endlosen Weiten Russlands.

Natürlich waren sie einsam, jene Tage. Gleichaltrige Freunde hatte ich nicht. Deswegen tat es nach solchen Ausflügen, bei denen ich nur mich als Gesellschaft hatte, gut, zur Kate zurückzukehren und mich zu den ›Alten‹ an den Mittagstisch zu setzen. Außerdem war ich mittlerweile alt genug geworden, um mich an den Diskussionen zu beteiligen.

Im Winter 1788 gab es ein neues Thema, das bis in die dunklen Abende hinein diskutiert wurde. Die Regierung steckte in so großen Geldschwierigkeiten, dass der König sich bereit erklärt hatte, etwas zu tun, was seit 175 Jahren kein französischer König mehr getan hatte: Er wollte im kommenden Mai eine Sitzung der Generalstände einberufen.

»Was ist das, die Generalstände?«, fragte ich Madame.

Sie lachte und zuckte mit den Schultern. »Das ist eine Frage, die dir niemand mit Gewissheit beantworten kann, mein junger Freund. Vielleicht so etwas wie das englische Parlament. Etwas in der Richtung. Jedenfalls gehören den Generalständen neben Adeligen und Bischöfen auch Vertreter des gemeinen Volkes an. Aber wie sie ausgewählt werden, wie und wo sie zusammenkommen, welche Befugnisse sie haben ... das weiß keiner so recht.«

»Die Generalstände sind 1614 zum letzten Mal einberufen worden«, sagte Monsieur Legrand. »Stell dir nur vor, mein Junge, wie sie jetzt fieberhaft alte Bücher und Aufzeichnungen wälzen, um herauszubekommen, wie sie vorgehen müssen.«

»Auf jeden Fall anders als früher«, sagte Madame. »Im Frankreich unserer Tage sind die Nichtadeligen keine zahmen, unwissenden, ungebildeten Bürger mehr. Wenn der König sie zusammenruft, um sich von ihnen helfen zu lassen, werden sie ein Mitspracherecht in der Regierung fordern.«

Ich starrte sie an. »Wird sich der Adel das gefallen lassen?«

»Entweder das oder der Untergang«, sagte Monsieur Legrand. »Die Entscheidung liegt bei den Adeligen.«

Kurz vor Ende des Winters bekamen wir unerwarteten Besuch. Es war einer jener grauen, schwülen Tage, viel zu mild für Februar. Ein Gewitter lag in der Luft. Ich hatte nach dem Frühstück einen Spaziergang gemacht, aber draußen war die Luft auch nicht erfrischender. Im Westen, in Richtung Valmy, war der Himmel bleigrau und es sah nach Regen aus. Da ich nicht nass werden wollte, machte ich, dass ich nach Hause kam.

An diesem Abend aßen wir früh und begaben uns dann ins Atelier, wo ich Pinsel reinigte. Madame meinte, es sei zu dunkel zum Malen. In letzter Zeit war sie nach dem Abendessen oft träge. Manchmal saß sie einfach in einem Sessel, sah mir bei der Arbeit zu oder erzählte etwas und schlief dann irgendwann ein.

»Madame«, sagte ich, »haben Sie die Pferde gehört?«

»Wer soll sich an einem solchen Tag schon hierher verirren?« Sie schloss die Augen und döste weiter. Es klopfte an der Tür. Berthe, die den strikten Auftrag hatte, uns im Atelier nicht zu stören, kam herein. Sie wirkte wie verwandelt. Auf ihrem Gesicht lag ein zufriedener Ausdruck.

»Madame –«

»Lass uns in Ruhe, Berthe!«

Berthe wich nicht von der Stelle. Mit offensichtlichem Vergnügen – wahrscheinlich fühlte sie sich an die guten, alten Tage in Paris erinnert – verkündete sie:

»Der Marquis de Morsac!«

Genau in diesem Augenblick brach der Gewittersturm über unseren Köpfen los. Es donnerte, dass die Möbel zu zittern begannen. Ein kalter, blauweißer Blitz erhellte das Zimmer. Sein Licht fiel auf eine Gestalt in der Tür.

Madame schrie auf: »Der Teufel!«

»Noch nicht, meine liebe Sophie«, sagte eine weiche Stimme. »Nur Ihr alter Freund Philippe.«

Ich hatte den Marquis erst zweimal in meinem Leben gesehen und immer nur flüchtig, über die Köpfe der Menge hinweg. Aber Künstler vergessen nicht, was sie sehen, und außerdem waren das spitze Kinn und die Nase der Morsacs fast ein Wahrzeichen der Familie. Auch die Augen des Marquis vergaß man nicht so bald. Scharf, klein und stahlgrau – wie Degenspitzen.

Auch die Art, wie er jetzt den Raum durchquerte und sich über Madames Hand beugte, um ihre Fingerspitzen mit seinen blassen, dünnen Lippen zu berühren, erinnerte an einen Fechtmeister. In seiner makellosen, mit hauchzarter Spitze besetzten Brokatkleidung, seiner Lockenperücke und seinem Monokel war er sehr elegant. Madame schien von seinem Besuch nicht besonders angetan.

Er sah sie mit einem etwas spöttischen Blick an. Mich beachtete er überhaupt nicht. Da er mich wohl für einen Dienstboten hielt, existierte ich für ihn erst, wenn ich gebraucht wurde. Dienstboten waren keine menschlichen Wesen. Man hatte ihn von Geburt an dazu erzogen, sie zu ignorieren. Madame hatte mir einmal von einer Herzogin erzählt, die sich vor ihrem Diener umzuziehen pflegte, weil sie nie auf den Gedanken gekommen wäre, er könne ein Mann sein.

Madame sagte: »Das ist ein unerwartetes Vergnügen, Monseigneur.«

»Monseigneur?« Seine Augenbrauen hoben sich. »Warum so förmlich, liebe Sophie?«

»Ich denke, es ist besser so.«

»Mag sein.« Wieder donnerte es, dieses Mal aber nicht so laut. Während der Donner in der Ferne verklang, sagte der Marquis: »Wir haben uns lange nicht gesehen. Ich ritt gerade an der Grenze meiner Ländereien entlang, als mir plötzlich auffiel, wie nah ich Ihrem rustikalen Refugium war. Da habe ich mir gedacht, Sie würden mir sicher Schutz vor dem Sturm bieten.«

»Sie sind herzlich willkommen – solange der Sturm andauert. Setzen Sie sich.«

»Danke. Wenn ich ganz ehrlich sein soll, ist dies allerdings etwas mehr als ein rein freundschaftlicher Besuch.«

»Alles, was Sie tun, Monseigneur, ist niemals nur ›rein freundschaftlich‹.«

»Aber, aber!« Er lachte und drohte ihr scherzhaft mit einem schlanken Finger. Wie ein erwachsener Mann so feine, blasse und weiche Hände haben konnte, war mir ein Rätsel. »Spricht man so mit jemandem, der gekommen ist, Ihnen einen Auftrag zu erteilen?«

»Ich nehme keine Aufträge mehr an. Das ist vorbei. Ich male, was ich will. Ich mache auch keine Ausstellungen mehr und bin nicht an Gönnern interessiert. Ich verkaufe meine Bilder von der Staffelei weg. Wie Fragonard.«

»Es ist ein Jammer, dass Sie Paris verlassen haben, Madame. Ich habe schon immer gesagt, dass Ihre Bilder etwas Besonderes haben. Ich weiß nicht, was es ist, aber ...«

»Oh, kommen Sie, Monseigneur. Wollen Sie etwa darauf hinaus, dass ich Sie malen soll?«

»Nein. Aber ich habe eine Tochter, ein gut aussehendes Mädchen, wie Sie sich vorstellen können ...«

»Ich habe diese Art von Malerei aufgegeben. Heute bevorzuge ich Falten, verarbeitete Hände und müde Augen, mit einem Wort: Charaktere.«

»Das sehe ich.« Der Marquis erhob sich, wanderte im Atelier herum und betrachtete die herumstehenden Ölbilder. Er hatte die Angewohnheit, Teile von Opernarien vor sich hin zu summen. Er wandte sich Madame zu. »Erstaunliche Arbeiten. Brillant. Sie haben Ihren Stil geändert, meine liebe Sophie, daran besteht kein Zweifel.«

Ich vermied es, Madame anzusehen. Mehr als die Hälfte der Bilder stammte von mir.

»Ja wirklich, ausgesprochen brillant«, wiederholte er. »Aber – verzeihen Sie, wenn ich frage – wer kauft diese

Bilder?« Madame schwieg. Sie hatte zwar beiläufig erwähnt, sie verkaufe die Bilder von der Staffelei weg, aber natürlich kam niemand nach Aulard, um ihre Bilder zu kaufen.

Der Marquis deutete ihr Schweigen richtig. »Warum machen Sie nicht eine Ausnahme – einem alten Freund zuliebe? Warum malen Sie nicht noch ein einziges Mal ein Porträt im alten Stil?«

»Nein, kommt überhaupt nicht in Frage.«

»Aber warum?« Der Marquis war es nicht gewohnt, dass man seine Bitten nicht erfüllte. »Ich will Sie ja nicht nach Paris zurücklocken. Meine Tochter und ich werden einige Monate in Morsac verbringen.«

»Meine Antwort lautet: nein!«

»Ist es die Entfernung? Aber Sie waren doch nie jemand, der vor einer Fahrt von zehn Meilen zurückschreckt.«

»Es hat nichts mit der Entfernung zu tun.«

»Sie könnten während der Sitzungen im Schloss übernachten. Sie bekämen eine eigene Suite ...«

Der Marquis ließ nicht locker, aber Madame blieb hart. Er beherrschte sich mit Mühe. »Sie können sehr anstrengend sein, Sophie.«

»Ich weiß.«

»Mein Herz hängt an diesem Porträt. Wenn Sie Angélique nur sehen könnten. Sie ist wie eine aufknospende Rose ...«

»Seien Sie nicht sentimental, Philippe. Sie wissen, dass das bei mir nicht verfängt.«

Er versuchte es mit Schmeicheleien. Mit einem Blick auf das Bild eines Bauernmädchens mit einem frischen, hübschen Gesicht und kastanienbraunen Haaren sagte er: »Aber Sie haben die Porträtmalerei doch nicht aufgegeben. Sie malen immer noch junge Mädchen. Und wenn Sie eine Magd malen können, warum dann nicht meine Tochter?«

Madame grinste verschwörerisch. »Gefällt Ihnen das Bild?«

»Sehr hübsch, wirklich sehr hübsch. Wenn man bedenkt, dass es nur eine einfache Magd ist.« Er trat näher an das Bild heran und studierte es durch sein Monokel. Unglücklicherweise war es eins von meinen Bildern.

In zuckersüßem Ton, hinter dem sie ihre wahren Absichten verbarg, sagte Madame: »Sie wollen wirklich ein solches Porträt von Ihrer Tochter Angélique?«

»Das ist genau die Art Bild, die ich mir vorgestellt habe.«

»Nun gut, mein Freund.« Sie wandte sich mir zu. »Pierre, wärst du an einem solchen Auftrag interessiert?«

Bevor ich reagieren konnte, sagte der Marquis bissig: »Soll das ein Scherz sein?«

»Ich scherze nie, wenn es um Geschäfte geht«, sagte sie.

»Wer ist dieser Junge eigentlich?«

Sie forderte mich auf vorzutreten, dann sagte sie sehr förmlich: »Monsieur le Marquis, darf ich vorstellen: mein Schüler, Monsieur Pierre Mercier.«

Zum ersten Mal in meinem Leben hatte mich jemand ›Monsieur‹ genannt. Ich verbeugte mich.

»Stets zu Diensten, Monseigneur.«

Er starrte durch mich hindurch. »Bist du Künstler?«

Ich zögerte. Madame nickte. »Madame hält mich dafür.«

»Tatsächlich?«

Seine Stimme war sanft wie eine Rasierklinge. Er konnte einen mit ein, zwei geschickt gewählten, sanften Worten mitten ins Mark treffen, bevor man überhaupt merkte, dass man verletzt worden war.

Er ging zu meinem Bild zurück, beugte den gepuderten Kopf vor und betrachtete es durch sein Monokel. Dann wandte er sich an Madame. »Er hat ein gewisses Talent«, gab er zu. »Das allein reicht natürlich nicht aus, um …«

»Noch vor einer Minute fanden Sie es ›wirklich sehr hübsch‹«, sagte Madame spöttisch.

»Ja, aber jetzt sehe ich es mit anderen Augen. Es war dumm von mir anzunehmen, dass es von Ihnen ist, Sophie. Unverzeihlich.«

»Sie brauchen sich nicht zu entschuldigen. Ich würde mich dieses Bildes nicht schämen.«

»Aber, meine liebe Sophie …«

»Schauen Sie sich nur diese Hand an. Und das Licht auf den Wangenknochen. Wenn Sie klug sind, Philippe, bitten Sie Monsieur Mercier, den Auftrag zu übernehmen.«

»Aber dieser Auftrag bedeutet mir viel, Sophie! Schließlich handelt es sich um meine Tochter. Ich bestehe darauf, dass Sie das Porträt malen.«

»Ich stehe nicht zur Verfügung. Fragen Sie den Jungen.«

»Aber das ist nicht dasselbe …«

»Ein aufgehender Stern ist besser als ein untergehender.«

Mir schwirrte der Kopf. Wollte ich den Auftrag haben? Ich verabscheute diesen aufgeblasenen Adeligen.

Das Bauernblut in meinen Adern lehnte sich machtvoll gegen ihn auf. Andererseits, ein Künstler kann nicht nur für Leute arbeiten, die er mag. Madame hatte mir erzählt, welche Kämpfe sie am Anfang ihrer Karriere auszufechten hatte, welche Beleidigungen und Schmähungen sie über sich hatte ergehen lassen müssen.

Auch ich wollte Künstler werden, das stand mittlerweile fest. Mein ganzes Leben hatte diese Richtung eingeschlagen, seit Madame mich unter ihre Fittiche genommen hatte. Und seit heute waren alle Zweifel verschwunden, denn Madame hatte dem Marquis Dinge über meine Arbeit gesagt, die ich sie nie zuvor hatte aussprechen hören. Wahrscheinlich wollte sie nicht, dass ich mir etwas einbildete.

Falls ich tatsächlich Künstler werden sollte, wäre ein Porträt der Tochter des Marquis de Morsac sicher ein guter Anfang. Andere würden das Porträt sehen, ein Auftrag würde zum nächsten führen ... und bald wäre ich ein gemachter Mann.

Ich beschloss, den Auftrag anzunehmen, bekam ihn aber nicht. Jedenfalls nicht den Auftrag, Angélique zu malen. Stattdessen bekam ich eine Art Trostpreis.

»Ich werde Ihrem jungen Mann eine Chance geben«, sagte der Marquis schließlich. »Er kann ein Porträt von Pauline malen.«

»Und wer ist Pauline?«

»Meine Nichte.«

Ich bin also nicht gut genug, deine kostbare Tochter zu malen, dachte ich verbittert. Ich darf an der Nichte üben, und wenn ich ein gutes Porträt von ihr zustande bringe, darf ich mich gnädigst an der knospenden Rose versuchen. Ich sagte nichts, innerlich aber tobte ich. Ich dachte sogar daran, den Auftrag abzulehnen, spürte allerdings, dass das Madame nicht recht gewesen wäre. Sie kämpfte verbissen um einen guten Preis.

»Keinen Sou mehr«, sagte der Marquis schließlich. »Bedenken Sie, Sophie, er ist doch völlig unbekannt.«

»Ich höre schon, wie Sie sich damit großtun, dass Sie es waren, der ihn ›entdeckt‹ hat.«

»Schon möglich.«

Schließlich war die Frage des Honorars geregelt. Madame schnaubte vor Wut, während ich dachte, wie herrlich es war, so viel Geld dafür zu bekommen, dass ich ein wenig Farbe auf eine Leinwand auftrug.

»Schicken Sie ihn morgen herüber«, sagte der Marquis. »Die Sitzungen können am Tag danach beginnen. Ich schlage vor, dass er für die Zeit der Sitzungen im Schloss wohnt.«

Das Gewitter hatte sich mittlerweile verzogen. Wir begleiteten ihn zu seinem Pferd. Ein halbes Dutzend livrierte Diener und Jäger führten ihre Tiere an dem kleinen See auf und ab.

»Au 'voir, Sophie.« Der Marquis beugte sich über ihre Hand. »Bis morgen, junger Mann.«

»Stets zu Diensten, Monseigneur.«

Ein Diener hielt ihm den Steigbügel. Er stieg auf. Bald darauf war die Gesellschaft verschwunden, nur das leiser werdende Getrappel der Hufe war noch zu hören. Wir kehrten ins Haus zu unserem gemütlich knisternden Kaminfeuer zurück. Alles schien wieder wie zuvor.

Woher hätte ich denn auch wissen sollen, dass nichts wieder so sein würde, wie es gewesen war?

5 Schloss der Schatten

»Keine Widerworte«, sagte Madame. »Selbstverständlich wird Jacques dich hinfahren. Die Kutsche ist wichtig, sonst werden die Diener in Morsac dich behandeln wie den letzten Dreck. Wir Künstler müssen uns den Respekt, der uns zukommt, erkämpfen.«

Wir Künstler! Die gute Madame, sie tat alles, um mir Selbstbewusstsein einzuflößen. Trotzdem spürte ich ein Flattern im Bauch, als ich am nächsten Morgen, stattlich herausgeputzt, mit der Kutsche die Hauptstraße der kleinen Stadt entlangrollte.

Es kam mir falsch vor, dass ich den jungen Herrn spielte. Bettelnde Jungen liefen neben der Kutsche her. Nur fünf Jahre zuvor war ich einer von ihnen gewesen. Auf den Gesichtern der Menschen in den Hauseingängen lagen Hunger und Feindseligkeit. Sie starrten mich hasserfüllt an. Sie sahen mich nicht so, wie ich wirklich war – als einen der ihren.

Es war Februar 1789. Im Jahr zuvor hatte es erneut eine Missernte gegeben. Brot war knapper als je zuvor. Man erzählte sich, dass einige der Reichen Korn gehortet hatten, um auf einen höheren Preis zu warten. Es hatte Unruhen gegeben, Schüsse waren gefallen, die Kavallerie hatte eingegriffen. Allerdings nicht in Morsac, denn der Marquis herrschte mit eiserner Hand über seine Untertanen.

Wir ließen die Häuser und die neben der Kutsche herlaufenden Bettler hinter uns. Das hohle Dröhnen der Räder sagte mir, dass wir über eine Brücke fuhren. Als ich mich aus dem Fenster lehnte, sah ich auf der anderen Flussseite das Schloss. Es lag auf einem niedrigen, lang gezogenen Felsplateau, darunter das ruhige, fast bewegungslose olivgrüne Wasser. Die massiven Mauern erhoben sich wie Klippen. Über den Wehrgängen sah ich gegen den trüben Himmel einen Wald gotischer Fialen und kegelförmiger Türme, die wohl bekannte Silhouette von Morsac.

Nach kurzem Halbdunkel, als die Kutsche durch den Torweg ratterte, lag der große Schlosshof vor mir. Von überall her eilten Diener in lilafarbenem Samt, weißen Strümpfen und gepuderten Haaren auf die Kutsche zu. Aber Georges war schneller als sie. Der gute, alte Georges! Mit keiner Miene verriet er, wie gut wir befreundet waren. Er sprang von der Kutsche und klappte das Treppchen herunter, damit ich aussteigen konnte. Ich kam mir vor wie der Kaiser von Österreich.

»Monsieur Mercier?«

Ein merkwürdiger alter Vogel kam heranstolziert. Ich sage ›Vogel‹, weil er mir mit seinem schnabelartigen Mund und seinem dürren Hals vorkam wie ein schnatternder Gänserich. Um seinen Hals hing eine Silberkette, in der Hand hielt er einen Stab mit silberner Spitze.

»Ich bin der Majordomus. Ich habe für Sie ein Zimmer im Nordturm vorbereiten lassen. Wenn Sie mir bitte folgen wollen, Monsieur.«

»Einen Augenblick.« Ich drehte mich um und ließ einen Louisdor in Georges' Hand fallen. Er nahm ihn respektvoll entgegen. Keiner wäre auf den Gedanken gekommen, dass Georges selbst mich erst vor einer halben Stunde daran erinnert und mir eine Münze aus seiner eigenen Geldbörse gegeben hatte.

Ohne einen Blick zurückzuwerfen, folgte ich dem Majordomus, obwohl ich einen merkwürdigen Stich in der Herzgegend spürte, als ich hörte, wie Jacques seinen Pferden etwas zurief und die Kutsche durch den Torweg verschwand. Ich durfte mich nicht umschauen, sondern musste weitergehen, als wäre ich der Eigentümer persönlich. Ich durfte weder an mein Gepäck noch an meine Malutensilien denken, das war Sache der Dienerschaft.

Der Nordturm war alt und düster. Abgetretene Stufen führten zu meinem Zimmer hinauf, von dem aus man durch zwei winzige Fenster einen Schwindel erregenden Ausblick hatte. Der Raum war schäbig und dunkel.

»Die Mahlzeiten werden heraufgebracht«, keuchte der Alte.

In diesem Punkt hatte es zwischen Madame und dem Marquis eine Auseinandersetzung gegeben. Sie hatte gesagt, ein Künstler könne nicht mit der Dienerschaft essen, und der Marquis hatte dagegengehalten, ich könne nicht mit seiner Familie an einem Tisch sitzen.

»Ich hoffe, Monsieur wird sich hier wohl fühlen.« Sein Tonfall verriet, wie gleichgültig ihm das war.

Ich nahm meinen ganzen Mut zusammen und sagte: »Es tut mir Leid, Majordomus, aber dieses Zimmer ist zum Malen viel zu dunkel.«

Er zog indigniert die Augenbrauen hoch. »Monsieur wird selbstverständlich nicht hier malen. Wie könnte

Mademoiselle Pauline hierher kommen? Für die Sitzungen wird ein geeigneter Raum bereitstehen.«

Ich hatte das Falsche gesagt.

Er verabschiedete sich mit einer Bewegung, die niemand für eine Verbeugung hätte halten können.

Zwei Männer brachten mein Gepäck herauf. Abgesehen von einem weiteren Mann, der mir mein Mittagessen und später mein Abendessen brachte, bekam ich an diesem Tag keine Menschenseele mehr zu sehen. Ich hatte mich noch nie in meinem Leben so einsam gefühlt.

Morsac war in vieler Hinsicht ein Ort der Schatten, nicht nur wegen der dunklen Gänge, in denen jeder Schritt ein unheimliches Echo erzeugte, sondern auch wegen der Spuren einstiger Größe und vergangenen Rittertums, die, wie ich an diesem einsamen Nachmittag auf meiner Wanderung über Höfe und durch Gärten überall bemerkte, ebenfalls ihre Schatten über das Schloss warfen.

Die Wehrgänge und Wehrtürme waren nur noch Kulisse. Sie überragten den düsteren Fluss, liefen aber nicht mehr wie früher um das Schloss herum, sondern waren auf der Rückseite abgerissen worden, um terrassenartigen Flanierwegen Platz zu machen. Der Wassergraben war auf dieser Seite trockengelegt worden, an seiner Stelle hatte man Kieswege, gerade Hecken und kleine Rabatten angelegt, auf denen in wenigen Monaten Blumen blühen würden.

Morsac, einst eine Festung, die den Flussübergang bewacht hatte und Zufluchtsort für die Menschen der Umgebung gewesen war, wenn Feinde nahten, hatte nichts mehr zu bewachen. Das Schloss war wie der schlanke Degen, den der Marquis trug: ungeeignet für die Schlacht, nicht mehr als ein Symbol für die Schwerter, die seine Vorfahren getragen hatten.

Und noch in einem anderen Sinne war das Schloss ein Ort voller Schatten, ging es mir durch den Kopf, als ich mich an diesem ersten Abend ins Bett legte. Männer waren in den Verliesen des Schlosses gestorben, vielleicht meine eigenen Vorfahren, denn auch arme Menschen haben Vorfahren, wenn sie auch deren Namen nicht kennen. Mindestens einmal hatte man Männer an den hohen Balkonen aufgeknüpft, die den Innenhof säumten, wo sie langsam erstickt waren. Vielleicht hatte einer meiner ungenannten Vorväter vor zwei- oder dreihundert Jahren mit seinen Freunden dort gebaumelt. Die Geschichte dieses Massakers erzählt man sich in unserer Gegend noch heute, zusammen mit einem Dutzend weiterer Zeugnisse einer barbarischen Vergangenheit, wenn auch die Namen der Opfer längst vergessen sind.

Am nächsten Morgen führte mich ein Diener über den Innenhof, die breite Treppenflucht hinauf zu dem reich verzierten Portikus und von dort aus über eine Wendeltreppe, die sich zwischen nackten Steinwänden in die Höhe schwang, zu einer langen, mit riesigen Wandteppichen geschmückten Galerie. Hier waren die Fenster größer, die Räume heller. Dieser Teil des Schlosses war offenbar nachträglich entstanden. Die Wendeltreppe, das erfuhr ich später, war eine geniale Konstruktion. Sie bestand genau genommen aus zwei Treppen, die so geschickt ineinander verschlungen waren, dass man ihr jeweiliges Gegenstück nicht sehen konnte. Zwei Personen konnten gleichzeitig von oben nach unten beziehungsweise von unten nach oben gehen, ohne sich zu begegnen. Es kam ganz darauf an, ob man sich am Fuß der Treppen nach rechts oder nach links wandte.

Die Doppeltreppe war ein typisches Musterbeispiel für die teuren Verrücktheiten, auf die die Herren von Morsac in früheren Jahren Zeit und Geld verwendet hatten.

Der Diener blieb vor einer Doppeltür stehen, riss einen Flügel auf und verkündete: »Der Maler, Monseigneur!«

Über die Schulter des Dieners spähte ich ins Zimmer. Der Marquis stand neben einem mit Gold und Marmor verzierten offenen Kamin. Hinter ihm erstreckte sich der blank polierte Boden bis zu einem Fenster mit Alkoven, in dem einige mit Handarbeiten beschäftigte Damen saßen. In der Nähe stand ein Spinett. Und an den Wänden waren unter riesigen Wandteppichen, die griechische Götter und römische Generäle zeigten, goldverzierte Stühle aufgereiht.

»Kommen Sie herein, junger Mann.«

Ich trat ins Zimmer und verbeugte mich, als der Marquis mich vorstellte.

Die Marquise hatte ein Puppengesicht, das wegen der hoch aufgetürmten, gepuderten und pomadisierten Haare noch kleiner wirkte, als es ohnehin schon war. Auch der gewaltige Reifrock unter ihrer Wespentaille trug zu diesem Eindruck bei.

Mademoiselle Angélique war eine jüngere Kopie ihrer Mutter. Ein hübsches Püppchen mit leuchtend blauen Augen, flachsblonden Haaren und dem Schmollmund eines verzogenen Kindes.

Mademoiselle Pauline, die Nichte, war ganz anders. Sie war älter als Angélique, ich schätzte sie auf fünfzehn. Sie hatte eine lustige Himmelfahrtsnase und unterschied sich schon dadurch von der Familie Morsac mit ihren hochherrschaftlich langen, spitzen Nasen. Haare und Augen waren dunkelbraun. Vermutlich hatte ihr Mutter Natur eine zarte, helle Haut geschenkt, um so unverständlicher, dass sie ihre Wangen rot angemalt hatte. Sie wirkte irgendwie verkleidet, ein Mädchen, jünger als ich, aufgemacht wie eine Hofdame. Ich glaube, sie wusste, wie unvorteilhaft sie aussah. Im Gegensatz zu ihrer Cousine war sie still und schüchtern.

»Was ist das denn?«, sagte Angélique. »Er ist ja noch ein Junge. Kann er wirklich malen?«

»Wir werden sehen.«

»Jedenfalls ist er billig«, sagte die Marquise. Sie musterte mich, als wollte sie mich kaufen und nicht mein Bild.

Die Nichte sagte nichts. Sie schlug die Augen nieder. Sie hatte wunderschöne, lange Wimpern. Auch ihre Hände, die in ihrem Schoß ein Taschentuch zusammenknüllten, waren schön. Sie war das Mädchen, das ich malen sollte, also betrachtete ich sie.

Währenddessen redete die Marquise ununterbrochen auf mich ein. Sie sprach darüber, wie ich Pauline malen solle, damit sie besonders vorteilhaft wirke. Mir war sofort klar, dass nicht viel dabei herauskäme, wenn ich mich an ihre Anweisungen halten würde.

Ich überhörte ihr Gerede. Ich stand einfach da und tat so, als sei ich voller Respekt für ihre Vorschläge. Ich studierte mein Motiv, überlegte, welche Seite ihres Gesichts die vorteilhaftere war (wir alle haben eine vorteilhaftere Seite), und dachte an diejenigen ihrer Züge, die hervorzuheben sich besonders lohnen würde. Pauline existierte in diesem Augenblick nicht als Mädchen, sondern als eine Komposition aus Knochen und Fleisch und Haaren, als Linie und Masse, Licht und Schatten. Die anderen Personen im Raum nahm ich überhaupt nicht wahr.

Der Marquis, der es eilig hatte, zur Jagd aufzubrechen, sagte: »Die Sitzungen werden hier im Musikzimmer stattfinden. Du kannst dein Handwerkszeug hier lassen, solange du an dem Bild arbeitest.«

»Vielen Dank, Monseigneur. Ich werde heute Morgen nur ein paar Skizzen machen.«

»Du kannst dir deine Arbeit einteilen, wie du möchtest«, sagte er großzügig, als hätte ich mir meine Arbeit anders als nach meinem Dafürhalten einteilen können. »Pauline, du wirst dich jeden Morgen zur selben Zeit hier einfinden.«

»Ja, Onkel.« Sie öffnete zum ersten Mal den Mund. Ihre Stimme war sanft und angenehm – aber ich würde ja nicht ihre Stimme malen. Was mich mehr interessierte, waren ihre ebenmäßigen Zähne. Sie wirkte noch hübscher, wenn ihr Mund leicht geöffnet war. In ihren Mundwinkeln lag derselbe Humor, der sich auch in ihrer Himmelfahrtsnase ausdrückte.

»Und du, Angélique, wirst deiner Cousine Gesellschaft leisten.«

»Selbstverständlich, Papa!« Sie klang erfreut. Ich sah jedoch, wie sich ihr Mund flüchtig zu einem Schmollen verzog, und bezweifelte, dass ihre Freude echt war.

»Die alte Marie kann ihnen ebenfalls Gesellschaft leisten«, schaltete sich die Marquise ein und warf ihrem Gatten einen viel sagenden Blick zu.

»Aber sie ist taub wie eine Nuss, meine Liebe!«

»Hauptsache, sie ist nicht blind.«

Von mir aus hätten sie die halbe Dienerschaft abordnen können, es wäre mir gar nicht aufgefallen. Ich war es gewöhnt, dass Männer, Frauen und Kinder um mich herum waren, wenn ich arbeitete. Selbst den Atem von Kühen hatte ich schon bei solchen Gelegenheiten im Nacken gespürt.

Der Marquis machte sich auf den Weg. Die Marquise zog an der karmesinroten Klingelschnur neben dem Kamin. Als daraufhin ein Lakai erschien, gab sie ihm den Auftrag, die alte Marie herbeizuschaffen. Es zeigte sich, dass Marie eine alte Elsässerin war, die einen ausgeprägten deutschen Akzent hatte, schlecht hörte und noch weniger verstand, wenn man französisch mit ihr sprach. Aber sie hatte sich bereits um die Marquise gekümmert, als diese noch ein Säugling gewesen war, und der Marquis hatte vollstes Vertrauen zu ihr.

Nickend und undeutliche Worte vor sich hin murmelnd nahm Marie in respektvoller Entfernung Platz. Offenbar hatte sie, als sie gerufen wurde, die Arbeit an einem Stück feiner Stickerei unterbrochen und setzte sie nun fort. Die Marquise rauschte aus dem Zimmer. Endlich konnte ich anfangen. Ich machte einige grobe Skizzen von Paulines Kopf aus unterschiedlichen Perspektiven. Hin und wieder bat ich sie, den Kopf ein wenig zu drehen, ihr Kinn tiefer oder höher zu halten oder über die Schulter zu gucken. Schon bald schaltete sich Angélique ein.

»Du darfst Mademoiselle nicht so herumkommandieren! Das zeigt Mangel an Respekt. Wenn Monsieur le Marquis dich hören könnte ...«

Bevor ich antworten konnte, gab Pauline zurück: »Sei keine Idiotin, Angélique! Wenn Monsieur Mercier möchte, dass ich meine Haltung ändere, muss er mir das natürlich sagen. Soll er etwa jedes Mal vorher eine zehnminütige Rede halten? Oder mir ehrerbietig eine Petition auf Pergament unterbreiten?«

Ich musste lachen. Angélique machte ein wütendes Gesicht, während Pauline verstohlen grinste. Das Eis war gebrochen.

Meiner Arbeit kam das sehr zugute. In einer angespannten Situation kann man kein gutes Porträt malen. Ich wollte sie entspannt und natürlich, also redete ich mit ihr, und sie antwortete mir. Angélique machte mehr und mehr den Eindruck eines Topfes, der kurz vor dem Überkochen stand. Schließlich kochte er über.

»Du solltest dich auf deine Arbeit konzentrieren. Immerhin wirst du nicht dafür bezahlt, Konversation zu machen.« Sie war erst dreizehn, klang aber wie eine verbitterte Fünfunddreißigjährige.

»Ich bitte um Verzeihung, Mademoiselle, aber ich muss das Recht haben, mich mit meinem Modell zu unterhalten.«

»Du nimmst dir zu viel heraus. Natürlich kannst du sie auffordern, den Kopf zu bewegen. Das tut ein Friseur auch. Konversation aber ist nur unter gesellschaftlich Gleichen erlaubt.«

»Was für ein Unsinn«, sagte Pauline. »Wenn wir uns nicht einmal unterhalten dürfen, langweile ich mich ja zu Tode.«

Angélique sah wohl ein, dass an diesem Argument etwas dran war. »Na gut«, räumte sie ein, »Konversation können wir wohl zulassen ...«

»Bravo!«

»Die Wahl des Themas ist aber allein unsere Sache. Ein Untergebener darf keine Fragen stellen oder das Thema wechseln. So etwas gehört sich nicht.«

»Das klingt in meinen Ohren reichlich dumm«, beschwerte sich Pauline. »Monsieur Mercier kennt wahrscheinlich alle möglichen interessanten Dinge, von denen wir noch nie etwas gehört haben. Wie können wir da Fragen stellen?«

»Papa sagt oft, dass eine hohe Position gewisse Opfer mit sich bringt. Es ist unser Schicksal, diese auf uns zu nehmen.«

Ich war froh, dass ich nur einen Zeichenstift in der Hand hatte. Wäre es ein schöner feuchter Pinsel gewesen, hätte ich sicher hart gegen die Versuchung kämpfen müssen, einen Klecks Farbe mitten in dieses dumme, kleine Gesicht zu spritzen.

In der nächsten halben Stunde arbeitete ich fast schweigend. Die Regeln der Etikette waren einer angeregten Unterhaltung nicht gerade förderlich. Selbst Angélique wurde es langweilig. Sie sprang auf und wandte sich an ihre Cousine.

»Wenn Papa meint, ich bliebe hier den ganzen Morgen sitzen, dann hat er sich getäuscht. Ich habe wichtigere Dinge zu tun.«

Pauline lächelte. »Kein Zweifel.«

»Meinst du, es reicht, wenn nur die alte Marie hier bleibt?« Angélique warf mir einen hässlichen Blick zu, der wohl andeuten sollte, dass ich ihrer Ansicht nach zu allem fähig war, mich aber zusammenreißen würde, solange die alte Kinderfrau murmelnd im Alkoven saß.

»Selbstverständlich, Angélique. Geh nur.«

Angélique trippelte zur Tür. Pauline sah ihr hinterher. Ich drehte mich nicht um und konnte nur am Klicken der Tür erkennen, dass Angélique den Raum verlassen hatte. Ein langes Schweigen folgte. Dann plötzlich sprach Pauline. Ihre Stimme war leise, aber voller Nachdruck: »Monsieur, darf ich Sie um einen Gefallen bitten?«

»Selbstverständlich, Mademoiselle.«

»Würden Sie das Porträt bitte so malen, dass ich so gewöhnlich wie möglich aussehe?«

6 *Das Porträt der Cinderella*

Dass ein Mädchen gewöhnlicher dargestellt werden wollte, als es war, hatte ich noch nie gehört. Offensichtlich war Pauline eine ungewöhnliche Person.

Ich fragte sie nach dem Grund.

Sie errötete unter der lächerlichen Schminke. Ihre Knöchel traten weiß hervor, so fest zerknüllte sie das Taschentuch in ihrem Schoß. Dann murmelte sie: »Dieses Porträt soll einen bestimmten Zweck erfüllen, verstehen Sie?«

»Ja«, sagte ich trocken. »Es soll zeigen, ob ich genug Talent habe, um andere – anspruchsvollere – Aufträge zu übernehmen.«

»Das auch, aber das meinte ich nicht. Mein Onkel würde für ein Porträt von mir kein Geld ausgeben – ich bin bloß eine arme Verwandte. Ich wohne hier nur, weil meine Eltern tot sind und es sonst niemanden gibt, der …« Sie lachte bitter. »Die Morsacs haben mein Gesicht lange genug ertragen müssen, sie würden es sich bestimmt nicht auch noch an die Wand hängen wollen.«

»Für wen ist das Bild denn dann?«

»Für meinen zukünftigen Gatten.«

»Für wen?« Vor Schreck hätte ich fast meinen Skizzenblock fallen gelassen.

»Für meinen Gatten. Klingt das albern?«

»Nein … aber …«, stotterte ich. Sie war eigentlich

durchaus nicht zu jung. Viele Mädchen waren während der Schulzeit bereits verlobt.

»Wir haben uns noch nie gesehen. Er wohnt sehr weit weg von hier, in Bordeaux. Und er …« Sie gab einen Ton von sich, der wie eine Mischung aus Stöhnen und Kichern klang. »… Er leidet an Gicht.«

»Gicht? Wie alt ist er denn, um Himmels willen?«

»Ich weiß es nicht genau. Aber auf jeden Fall alt. Er hat erwachsene Kinder aus erster Ehe.«

Ich war sprachlos.

»Mein Onkel hält es für eine gute Idee, ihm ein Bild von mir zu schicken. Danach kann dann ein Ehevertrag aufgesetzt werden.«

Ich nahm meinen Zeichenstift und fing mechanisch an zu zeichnen, ohne recht zu wissen, was ich tat. »Warum um alles in der Welt möchte Monsieur le Marquis Sie an einen gichtgeplagten alten Witwer am anderen Ende Frankreichs verheiraten?«

»Aus einem ganz einfachen Grund: Er möchte mich schnell und billig loswerden. Ich habe Ihnen doch gesagt, dass ich nur eine arme Verwandte bin. Monsieur Voullard ist einer der reichsten Weinhändler von Bordeaux, er erwartet mit Sicherheit keine Mitgift. Er möchte sich nur damit brüsten, dass er mit einer de Gerson verheiratet ist, einer Nichte des Marquis.« Ihre braunen Augen funkelten verschmitzt, als ihr Sinn für Humor wieder die Oberhand gewann. »Ich besitze zwar keinen Sou, habe aber mächtig gute Verbindungen.«

»Und Sie möchten, dass ich Sie so gewöhnlich wie möglich male, damit sich dieser morsche alte Snob eine andere Frau sucht?« Ich war so angewidert, dass ich die Frage kaum herausbrachte.

»Tun Sie bitte Ihr Bestes«, bat sie. »Zu schrecklich darf das Bild allerdings auch nicht sein, sonst schickt mein Onkel es nicht weg. Außerdem möchte ich natürlich nicht, dass Sie Schwierigkeiten bekommen. Tun Sie also Ihr Bestes – bitte! Das Bild darf mir auf keinen Fall schmeicheln!«

»Ich schmeichle nie. Ich male, was ich sehe. Das macht es schwierig. Sie sind einfach nicht gewöhnlich, Mademoiselle.«

»Oh, ich bin sogar sehr gewöhnlich, Monsieur. Wenn Sie mich nur ohne all diese Schminke sehen könnten ...«

»Darauf wollte ich noch zu sprechen kommen.«

»Das war Tantes Idee. Sie möchte, dass ich interessanter aussehe.«

»Kann sein. Sorgen Sie dafür, dass sie Ihnen morgen keine Schminke auflegt.«

Sie starrte mich an, halb erschreckt, halb erfreut. »Ich weiß nicht, was sie dazu sagen wird ...«

»Richten Sie bitte Madame la Marquise – mit allem Respekt – von mir aus, dass entweder ich Ihr Gesicht male oder sie. Zwei Maler sind zu viel, ich arbeite stets allein.«

Pauline lachte so laut, dass selbst die fast taube Marie kurz von ihrer Stickarbeit aufblickte und uns argwöhnisch ansah. In diesem Augenblick kam Angélique ins Zimmer gerauscht und verkündete, dass bald Mittagszeit sei. Sie entließ mich für den Rest des Tages.

Wie es Pauline geschafft hatte, Madames Schminke zu entgehen, weiß ich nicht, aber ich sah am nächsten Morgen sofort, dass das zarte Rosa auf ihren Wangen echt war. Doch es gab noch eine Reihe anderer Schwierigkeiten zu überwinden, bis ich mein Modell so hatte, wie ich es haben wollte.

»Was ist los, Mademoiselle?« Angélique hatte bereits vor einer halben Stunde das Zimmer verlassen, sodass ich mich ungezwungen mit Pauline unterhalten konnte. Marie war zwar anwesend, aber auf sie brauchten wir keine Rücksicht zu nehmen.

»Nichts ist los!«

»Sie sind so fahrig. Ich kann Sie nicht zeichnen, wenn Sie keine Sekunde stillsitzen.«

»Das tut mir Leid. Ab sofort werde ich mich nicht mehr bewegen.«

Sie gab sich Mühe, schaffte es aber nicht. Sie bestand noch eine Zeit lang darauf, dass nichts los sei, dann flüsterte sie mit hochrotem Gesicht: »Wenn Sie es unbedingt wissen möchten, ich bekomme kaum Luft. Meine Tante hat mich geschnürt, damit ich eine schlankere Taille habe. Entweder ersticke ich gleich oder ich platze.«

Ich lächelte. »Beides würde dem Bild nicht bekommen.«

»Was soll ich nur machen? Ich halte das unmöglich einen ganzen Morgen lang aus.«

»Mademoiselle, mit Ihrer Erlaubnis, ich werde jetzt eine Pause machen – sagen wir fünf Minuten. Rufen Sie mich, wenn Sie fertig sind. Ich hoffe, ich finde Sie dann entspannter vor.«

Ich erhob mich, machte eine Verbeugung und trat auf den Flur hinaus. Ich hoffte inständig, dass nicht zufällig jemand vorbeikam und mich vor der Tür warten sah, aber es gab nur diesen einen Ausgang aus dem Musikzimmer. Glücklicherweise ließ sich niemand blicken. Es dauerte nicht lange, da streckte Marie den Kopf zur Tür heraus und winkte mir mit ihrer bleichen, verarbeiteten Hand zu.

Pauline lächelte mich dankbar an. Sie wirkte jetzt sehr viel natürlicher.

Das größte Problem aber sollte die Harfe werden. Am dritten Morgen rauschte die Marquise ins Zimmer, um sich meine Skizzen anzusehen.

»Hmh ... ja ... nicht schlecht. Diese hier gefällt mir. Diese ist allerdings auch gut. Ich weiß nicht ...«

Es war mir völlig egal, was sie von den Skizzen hielt. Sie sollten mir nur als Orientierung dienen. Nicht einmal Pauline würde ich bitten, eine von ihnen auszuwählen, und ihre Tante schon gar nicht. Was hätten die beiden schon dazu sagen können?

In diesem Augenblick wandte sich die Marquise vorwurfsvoll an Pauline und fragte: »Wo ist die Harfe?«

»Ich ... ich habe sie vergessen, Tante.«

»Vergessen? Sie liegt doch dort, direkt unter deiner Nase.« Sie trippelte zum Alkoven hinüber und nahm eine kleine, vergoldete Harfe auf, die dort auf einem Kissen am Fenster lag. Pauline nahm sie vorsichtig entgegen, als hätte ihr die Marquise einen fremden Säugling gereicht. Die Marquise wandte sich an mich.

»Wir halten es für eine gute Idee, wenn Mademoiselle eine Harfe hält.«

»Darf ich den Grund dafür erfahren, Madame?«

Sie sah mich überrascht an. »Es ist sehr in Mode. Junge Damen werden immer mit Harfe gemalt.«

»Ein guter Grund, etwas origineller zu sein, meinen Sie nicht auch, Madame?«

Sie biss sich auf die Lippe. »Ich möchte, dass Mademoiselle eine Harfe in der Hand hält. Es zeigt, wie geschickt sie mit den Händen ist.«

»Ich finde das zu direkt.« Ohne ihr Zeit für eine Antwort zu lassen, wandte ich mich an Pauline: »Mögen Sie dieses Instrument, Mademoiselle?«

Sie schüttelte den Kopf. »Ich kann nicht einmal darauf spielen, nur auf dem Spinett.«

Ich wandte mich wieder an die Marquise. »Ich glaube, wir müssen auf die Harfe verzichten, Madame. Mademoiselle wird keinen sehr entspannten Eindruck machen, wenn sie nicht einmal darauf spielen kann.«

»Sie soll sie nicht spielen, sondern nur in der Hand halten!«

»Ich bitte um Verzeihung, Madame, aber ich bin ein Maler der Wahrheit, Lügen kann ich nicht malen.«

Sie erstickte fast vor Wut. »Monsieur le Marquis mag Sie für ein Genie halten, in meinen Augen sind Sie einfach nur ungehobelt.« Sie stampfte mit ihrem winzigen Schuh auf den Boden und machte dazu einen Schmollmund, der absolut kindisch wirkte. »Nun gut, ich nehme an, Sie müssen Ihre Arbeit so machen, wie Sie es für richtig halten.« Bevor ich noch etwas erwidern konnte, rauschte sie aus dem Zimmer, ganz Grande Dame.

Pauline bebte vor Lachen. »Monsieur, Sie sind sehr frech.«

»Das war knapp. Einen schrecklichen Moment lang dachte ich, sie wirft mich hinaus.«

»Das würde sie nie wagen. Es stimmt, was sie gesagt hat: Mein Onkel hält große Stücke auf Sie.«

»Als Künstler?«

Unsere Augen trafen sich. »Nur als Künstler, Monsieur!«

Den Marquis bekam ich nicht häufig zu Gesicht.

Er schaute gelegentlich herein, um sich nach dem Fortgang meiner Arbeit zu erkundigen. Angélique saß dann immer brav auf ihrem Posten, ein Buch oder eine Stickerei auf dem Schoß. Er durchmaß mit geschmeidigen Bewegungen das Zimmer, summte eine Melodie von Mozart oder Gluck und stellte sich wortlos hinter mich. Ich spürte deutlich, dass mich seine Anwesenheit nervös und unkonzentriert machte, unterbrach meine Arbeit aber immer nur für eine kurze Verbeugung, wenn er das Zimmer betrat.

Glücklicherweise blieb er nie lange. Die Jagd, die Verwaltung seiner Ländereien, seine Baupläne und so weiter nahmen fast seine gesamte Zeit in Anspruch. Außerdem machten er und die Marquise häufig lange Kutschfahrten zu ihren noblen Nachbarn. Die Marquise ging leidenschaftlich gern zu Gesellschaften, der Marquis jedoch hatte andere Gründe für diese Besuche. Ihn interessierte ausschließlich die bevorstehende Versammlung der Generalstände in Versailles. Die Adeligen der verschiedenen Distrikte mussten je einen Mann bestimmen, der sie vertrat. Ich hatte den Verdacht, dass der Marquis selbst einen Sitz in dieser Versammlung anstrebte und sich deswegen bei den anderen Landbesitzern ins Gespräch bringen wollte.

In Morsac war er verhasst. Selbst seine eigene Familie fürchtete sich vor ihm. Sein Sohn wagte sich nicht einmal in die Nähe des Schlosses, wie mir Pauline anvertraute.

»Mein Onkel hat ihn einmal für achtzehn Monate ins

Gefängnis geschickt – in eine heruntergekommene Festung im Golf von Biscaya. Man stelle sich das vor: seinen eigenen Sohn!«

»Was hatte er angestellt?«

»Nichts, außer dass er seinen Vater verärgert hatte. Es geschah per *lettre de cachet.*«

Ich hatte schon oft von diesen ungewöhnlichen Haftbefehlen gehört. *Lettres de cachet* waren Blanko-Haftbefehle, die das königliche Siegel trugen. Man brauchte nur noch einen Namen einzutragen, dann konnte derjenige ohne ordentliches Gerichtsverfahren eingesperrt werden, mitunter sogar lebenslang, nach ›Belieben des Königs‹, obwohl der König in den seltensten Fällen von der Inhaftierung in Kenntnis gesetzt wurde. Da alle Minister über einen Stapel davon verfügten, konnte sich jeder Höfling mühelos welche besorgen.

»Madame de Vairmont hat mir erzählt, dass der Duc de la Vrillière Dutzende solcher Haftbefehle seiner Freundin ausgehändigt hat«, sagte ich. »Sie hat sie dann für 25 Louisdor das Stück weiterverkauft.«

»Schrecklich.«

»So ist nun mal die Welt«, sagte ich. »Der alte Marquis de Mirabeau hat sechzig dieser *lettres de cachet* eingesetzt, um …«

»Sechzig?«

»… nahezu seine komplette Verwandtschaft hinter Schloss und Riegel zu bringen. Ihr Onkel setzt seine Macht also sehr bescheiden ein.«

Pauline war entsetzt. In ihrer ruhigen, behüteten Welt bekam sie wenig von dem mit, was draußen vor sich ging. Sie wusste nicht einmal, wie es auf den engen Straßen der kleinen Stadt auf der anderen Flussseite zuging, geschweige denn in anderen Teilen Frankreichs und der Welt. Ich benutzte die Sitzungen, um ihr nach und nach die Augen zu öffnen. Ich erzählte ihr alles, was ich von Madame gehört hatte. Ich sprach über George Washington und die amerikanische Unabhängigkeitserklärung, über Rousseau und den *Gesellschaftsvertrag*, über Voltaire, Diderot, Thomas Paine, über jedes verbotene Buch und jeden gefährlichen Gedanken – von der gewichtigen *Encyclopaedia* bis hin zu Opern wie *Die Hochzeit des Figaro*.

»Und das haben Sie alles gelesen?«, fragte sie halb bewundernd, halb belustigt, denn ich glaube, sie ahnte, dass ich noch nicht einmal den zehnten Teil dieser Bücher gelesen hatte, sondern mein Wissen großenteils aus Madames Erzählungen bezog.

Heute weiß ich, dass ich wohl zu redselig und zu großspurig war. Damals aber dachte ich, ich wüsste schon alles, und je mehr ich vom Leben im Schloss mitbekam, desto erboster wurde ich.

Es gab wahrhaftig vieles, was einen in Wut versetzen konnte. Während eine oder zwei Meilen von hier die Menschen verhungerten, wurden im Schloss Bankette veranstaltet, bei denen das Essen auf silbernen Tellern serviert wurde und der Champagner in hauchzarten Gläsern perlte. An filzbedeckten Tischen fanden Kartenspiele statt, man hörte das Klicken von Spielmarken aus Elfenbein, jemand spielte auf dem Spinett Menuette und Gavotten, die Leute tanzten, Theateraufführungen fanden statt. Und gleichzeitig hungerten und froren sich die Menschen draußen zu Tode.

Außer von der Theateraufführung bekam ich von den Festlichkeiten nichts mit, denn zu den anderen Vergnügungen wurde Monsieur Mercier, der junge Künstler, nicht gebeten. Aber für das Stück, das der Marquis aufzuführen gedachte, brauchte man ihn – als Kulissenmaler.

Um ein Haar hätte ich abgelehnt und gesagt, dass ich schließlich Porträtmaler war und nicht Kulissenmaler. Warum ich's nicht gemacht habe? Aus verschiedenen Gründen. Erstens befürchtete ich, der Marquis könne mich rauswerfen – und ich war mittlerweile entschlossen, hier zu bleiben, bis das Porträt fertig war. Und zweitens hatte ich, wenn ich ihnen bei ihrem albernen kleinen Stück half, ein bisschen Gesellschaft und musste nicht Stunden um Stunden allein in meinem kalten Zimmer verbringen oder einsam im Garten spazieren gehen. Außerdem stand Pauline wegen der Proben oft für unsere Sitzungen nicht zur Verfügung. Manchmal kam ich mit meiner eigenen Arbeit zwei oder drei Tage lang nicht weiter.

Die Arbeit am Bühnenbild war gar nicht so uninteressant. Sie brachte ihre eigenen technischen Probleme mit sich, auf die Madame mich nicht vorbereitet hatte. Ich war es nicht gewohnt, so großformatig zu malen, begriff aber schnell, worauf es dabei ankam.

Das Stück selbst war ausgesprochen albern.

»Was halten Sie von dem Stück?«, wollte Pauline wissen.

»Es ist einfältig.«

Ihr Lachen klang hell wie ein Glöckchen. »Inwiefern?«

»Echte Schäfer und Schäferinnen benehmen sich anders. Sie haben viel zu viel mit ihren Schafen zu tun. Außerdem sprechen sie anders, nicht so vornehm. Sie halten keine langen Reden und achten nicht darauf, dass sich das, was sie sagen, reimt.«

»Wie sprechen sie denn?«

»Meistens sprechen sie überhaupt nicht, weil sie nämlich allein sind. Wenn sie aber mal zusammenkommen, bei Markttagen und so, dann ist ihre Sprache sehr viel derber.« Ich grinste. »Einiges von dem, was sie sagen, möchte ich vor einer jungen Dame lieber nicht wiederholen.«

Während ich das sagte, verfiel ich in meinen eigenen Dialekt, um sie zu amüsieren. Ich beherrschte mittlerweile zwei Sprachen. Bei Madame hatte ich gelernt, wie ein Pariser zu sprechen. Wenn ich aber unter den Dorfbewohnern von Aulard oder zu Hause bei meinen Eltern war, sprach ich *Patois*, um nicht für eingebildet gehalten zu werden.

Ich konnte mühelos zwischen den beiden Sprachen hin- und herwechseln. Pauline fand das sehr amüsant und versuchte ohne Erfolg, die Bedeutung einiger Wörter zu erraten, die ich benutzte.

Trotz aller Unterbrechungen machte das Porträt Fortschritte. Der Tag, an dem es fertig sein würde, kam unaufhaltsam näher.

Ich glaube, auch Pauline tat es Leid. Mir jedenfalls graute vor dem Gedanken. Zwischen uns hatte sich eine merkwürdige Freundschaft entwickelt. In dieser Umgebung hier waren wir beide Außenseiter. Und wir waren beide einsam. Ich hatte noch nie einen gleichaltrigen Freund oder eine gleichaltrige Freundin gehabt, und ich glaube, ihr ging es ebenso.

Gemeinsame Unternehmungen wie zwischen zwei Jungen kamen natürlich nicht in Frage. Wir hatten nicht einmal so viele Freiheiten wie gewöhnliche Jungen und Mädchen. Zwischen uns stand die Klassenschranke. Wenn andere uns hören konnten, musste ich sehr formell tun und sie mit ›Mademoiselle‹ ansprechen. Glücklicherweise hatten wir die langen morgendlichen Sitzungen, auf denen wir uns über Gott und die Welt unterhalten konnten. Marie störte uns dabei nicht. Angélique und ihre Mutter blieben nie länger als ein paar Minuten. Da die Tür am anderen Ende des Zimmers war, hatte Pauline sie im Auge. Wenn sie sah, dass sie sich öffnete, warnte sie mich, sodass ich meine Erzählungen abbrechen und den erforderlichen formellen Tonfall annehmen konnte. Trotz alledem war es immer eine Erleichterung zu wissen, dass Angélique und ihre Mutter anderweitig beschäftigt waren und der Marquis auf der Jagd war oder bei seinen Geschäften.

Anfang April fuhr er für mehrere Tage nach Versailles. Mir war klar, dass das Porträt bis zu seiner Rückkehr wahrscheinlich fertig sein würde.

Eines Morgens traf ich Pauline vor dem Porträt stehend an. Sie betrachtete es aufmerksam.

»Nun?«, fragte ich.

»O Pierre!« Ich brauche wohl nicht zu erwähnen, dass außer Marie niemand im Zimmer war. Angélique und ihre Mutter waren mit der Kutsche unterwegs. »Es ist – es ist einfach wunderschön. Bin ich denn wirklich so hübsch?«

Hätte Angélique diese Frage gestellt, dann hätte ich sagen müssen: »Nein, Mademoiselle, noch viel hübscher.« Aber Pauline versuchte nie, Komplimente zu bekommen.

»Ich habe doch gesagt«, erwiderte ich, »dass ich nur

das male, was ich sehe. Ich hätte Ihnen nicht geschmeichelt, selbst wenn Sie mir Geld dafür geboten hätten. Und ich kann Sie nicht gewöhnlich aussehen lassen, auch nicht, um diesen gichtigen, alten Kaufmann in Bordeaux abzuschrecken. Werden Sie ihn heiraten, wenn er immer noch möchte? Ich wette, er will, wenn er erst sieht, wie hübsch Sie sind. Ich jedenfalls würde –« Ich brach gerade noch rechtzeitig ab. »Werden Sie ihn heiraten?«, wiederholte ich.

Sie schwieg ein paar Sekunden, dann sagte sie: »Für wen halten Sie mich? Man kann mich schließlich nicht dazu zwingen, oder? Selbst mein Onkel kann das nicht.«

»Nein, keine Macht der Erde kann Sie zwingen. Sie können Sie natürlich zur Kirche schleppen, aber der Priester kann Sie nicht trauen, wenn Sie sich weigern, ›ja‹ zu sagen.«

Bei mir dachte ich grimmig: Das stimmt zwar, aber sie können dir das Leben zur Hölle machen, wenn du dich gegen sie auflehnst. Dem Marquis zu widersprechen, dazu gehörte eine Menge Mut. In einer solchen Situation würden sicher neun von zehn Mädchen irgendwann klein beigeben. Taten sie es nicht, dann mussten sie mit Prügel rechnen und damit, bei Wasser und Brot eingesperrt zu werden. Weigerten sie sich dann immer noch, würde man sie in ein Kloster schaffen. Die Aussicht, einen Mann zu heiraten, den ihre Familie für unwürdig hielt, war praktisch gleich Null.

Pauline schaute noch einmal auf das Porträt, dann ging sie um die Staffelei herum und setzte sich in der üblichen Pose hin.

»Es ist wunderschön«, seufzte sie. »Als Bild, meine

ich. Und ich vermute, dass ich es nie wieder zu Gesicht bekomme, wenn ich den alten Voullard nicht heirate.«

»Darüber würde ich mir keine Gedanken machen.« Ich warf einen verstohlenen Blick auf Marie. Sie zählte Stiche und murmelte dazu mit ihrem zahnlosen Mund vor sich hin. Der Augenblick war günstig. Ich zog die kleine Überraschung aus der Tasche, die ich für Pauline mitgebracht hatte, und gab sie ihr, ohne dass die Alte auch nur den Kopf hob.

Pauline faltete das Seidentaschentuch auseinander, in das ich die Überraschung eingewickelt hatte, und gab einen unterdrückten Freudenlaut von sich.

Mein Geschenk war ein weiteres Porträt von ihr – aber eine Miniatur, die ich auf ein ovales Stück Spielkarte gemalt hatte. Ich hatte heimlich daran gearbeitet während der einsamen Stunden, die ich auf meinem Zimmer hatte verbringen müssen.

»Ein Porträt von Cinderella«, sagte ich. So hatte sie sich einmal selbst genannt, weil ihre Stellung hier im Haus derjenigen der Heldin in Perraults Geschichte ähnelte.

»Es ist wunderschön.« Sie schaute auf, ihre Augen strahlten heller als je zuvor.

Ich versuchte, lässig zu sein. »Es ist zwar etwas klein, aber es soll ja auch niemand davon wissen. Ich hab's gemalt, damit Sie ein Bild von sich selbst haben. Ich wünschte nur«, fügte ich hinzu, »ich hätte es Ihnen in einem angemessenen Rahmen übergeben können.«

»Machen Sie sich darüber keine Gedanken. Ich werde es immer bei mir tragen. Vielen Dank, Pierre.«

Wir hatten so leise gesprochen, dass Marie nichts mitbekommen hatte.

Plötzlich meinte ich, ein leises Klicken zu hören. Ich schaute mich um. Die Tür war verschlossen, und für einen Horcher am Schlüsselloch war sie zu weit entfernt.

»Ich dachte, ich hätte etwas gehört«, murmelte ich.

»Ich habe nichts gehört. Aber ich verstecke das hier lieber.« Sie wickelte die Miniatur sorgfältig in das Taschentuch ein und verstaute sie in ihrem Kleid. »Ich möchte nicht, dass hier irgendjemand davon weiß. Sie können so hässlich und gemein sein.«

»Niemand braucht etwas davon zu erfahren. Es ist ein Geheimnis. Nur wir beide wissen davon.«

»Tatsächlich?«

Mir blieb fast das Herz stehen, als ich dieses eine, leise gesprochene Wort hörte. Ich fuhr herum. Obwohl die Tür am anderen Ende des Raumes nach wie vor verschlossen war, stand der Marquis am Kamin, in seinen Augen glühte unterdrückte Wut.

7 *Eine Standesfrage*

»Monseigneur!«

Marie erhob sich von ihrem Stuhl und machte einen steifbeinigen Knicks. Sie schien nichts Merkwürdiges an der Art zu finden, wie er plötzlich aufgetaucht war, und dachte wohl, er sei wie üblich hereingekommen, nur dass ihn halt niemand bemerkt hatte. Ich aber hätte mein Leben darauf verwettet, dass dem nicht so war. Paulines Gesicht war weiß wie eine Kerze, sie war genauso entgeistert wie ich.

Abergläubische Bauern erzählten sich hinter vorgehaltener Hand, dass der Marquis eine Wiedergeburt des Teufels war. In diesem Augenblick hätten Pauline und ich diesem Gerede sicher Glauben geschenkt.

Er winkte die alte Marie zur Seite. Dann kam er mit tänzelnden Schritten auf uns zu. Pauline machte einen Knicks.

»Die Tante und Angélique machen eine Spazierfahrt, Onkel. Wir haben Sie nicht so früh zurückerwartet.«

»Offensichtlich.«

Sein Blick wanderte von ihr zu mir und wieder zurück. Es war kein angenehmer Blick. Ich fragte mich, wie lange er schon zugehört hatte, und überlegte, was wir gesagt hatten. Wie ich dort stand, einen Pinsel in der Hand, kam ich mir ziemlich albern vor, aber er forderte mich nicht auf, meine Arbeit fortzusetzen.

Nur die geschwollene Ader an seiner Schläfe verriet, dass er wütend war, ansonsten hatte er sich unter Kontrolle. Er sah uns wortlos an und gab uns reichlich Gelegenheit, noch nervöser zu werden. Er summte ein Lied aus Mozarts neuer Oper – die Arie des Figaro ›Nun vergiss leises Flehn, süßes Kosen‹. Ich hatte sie hier in Morsac schon öfter gehört; Pauline spielte sie manchmal auf dem Spinett. Ein fröhliches, beschwingtes Lied, das aber aus dem Mund des Marquis mehr als grimmig klang.

Plötzlich fragte er: »Was hast du gerade vor mir versteckt?«

»Nichts, Onkel.«

»Mademoiselle …« Aus seinem Mund wirkte dieses leise gesprochene Wort wie ein Peitschenhieb. Sie zuckte zusammen.

»Nur ein kleines Andenken, Onkel. Pierre – ich meine, Monsieur Mercier …«

»Wie kannst du von jemandem seines Standes ein Andenken annehmen? Gib es her!«

Ihre Hände zuckten zu ihrem Halsausschnitt. »Es tut mir Leid, Onkel, aber …«

»Gib es her!«

Ein bedrückendes Schweigen entstand. Pauline war mittlerweile hochrot. Ohne die Augen niederzuschlagen, sagte sie fest: »Bitte, Onkel, bestehen Sie nicht darauf.«

»Gib es her!«

»Es war mein Fehler, Monseigneur«, schaltete ich mich ein. »Mademoiselle hat es nur genommen, um meine Gefühle nicht zu …«

»Halt deinen Mund! Mademoiselle, zum letzten Mal!«

Sie reckte das Kinn vor. »Bei allem Respekt, Onkel, aber dieses Mal kann ich Ihnen nicht gehorchen.«

Er zog hörbar die Luft ein. Einen Augenblick lang dachte ich, er würde sie bei den Schultern packen und so lange schütteln, bis sie ihm die Miniatur aushändigte, aber so etwas leisteten sich Leute seines Standes natürlich nicht in Anwesenheit von Angehörigen der unteren Klassen.

»Na gut, du wirst es mir später aushändigen. Begib dich jetzt auf dein Zimmer und bleibe dort.« Er hob zum ersten Mal die Stimme. »Marie!« Die Alte kam herbeigeschlurft. »Begleite Mademoiselle auf ihr Zimmer und sorge dafür, dass sie dort bleibt.«

»Sehr wohl, Monseigneur.« Ihre trüben Augen weiteten sich. Sie begriff wohl endlich, dass etwas nicht in Ordnung war.

Der Marquis sah sie verächtlich an. »Das war das letzte Mal, dass du hier oben Dienst getan hast.«

»Monseigneur? Ich verstehe nicht ...« Sie schlug die knochigen Hände, die immer noch die Stickerei hielten, vor der Brust zusammen. Es sah aus, als wollte sie beten, um Gottes Hilfe gegen ein Erdbeben zu erflehen.

Brutal sagte er: »Wenn meine Hunde ihre Zähne verlieren, lasse ich sie erdrosseln. Du hast Glück, für dich werden wir Arbeit in der Küche finden.« Er drehte sich um und zerrte brutal an der Klingelschnur, so als wünschte er sich, Maries Kopf sei am anderen Ende der Schnur. Pauline stürzte zu ihm hin.

»Onkel, das ist ungerecht! Die arme Marie hat nichts getan ...«

»Genauso ist es. Die arme Marie hat nichts getan –

rein gar nichts. Wäre es nach ihr gegangen, ich hätte nie erfahren, was hier vorging.«

»Hier ist nichts ›vorgegangen‹, wie Sie das ausdrücken.«

»Tatsächlich? Ich finde dich hier auf vertrautem Fuß mit diesem jungen Taugenichts, du nimmst kleine Andenken an und …«

»Onkel!«

»Damit nicht genug. Er vergiftet dein Denken mit allen möglichen unausgegorenen politischen Ideen. Voltaire, Rousseau, der Himmel mag wissen, was noch alles!«

Aha, dachte ich hasserfüllt, Angélique hat also ihrem Vater gegenüber Andeutungen gemacht, sodass er misstrauisch wurde. Er hat sich absichtlich hier hereingeschlichen, um uns nachzuspionieren.

»Ich bitte um Verzeihung, Monseigneur«, sagte ich. »Aber Mademoiselles Denken geht ja wohl nur sie selbst etwas an.«

Ohne mich zu beachten, trat er an meine Staffelei und betrachtete das Porträt durch sein Monokel.

»Jammerschade«, sagte er. »Es wird nie vollendet werden, denn es wird keine Sitzungen mehr geben.«

Das hatte ich erwartet – seinen nächsten Schritt aber nicht. Er ließ das Monokel fallen, sodass es an seinem Band hin und her baumelte, nahm mein Palettenmesser, stieß es in das Bild und zog es zweimal von einer Seite zur anderen.

Pauline schrie auf. Ich erstarrte, die Hände zu Fäusten geballt, die Zähne in die Unterlippe gegraben. Ich hätte ihn umbringen können. Aber der Instinkt, der sich in Menschen wie mir seit Jahrhunderten entwickelt hatte, hielt mich davon ab, so etwas Verrücktes zu tun. Ich wusste, was mir blühte, wenn ich es wagen sollte, mich mit meinen schmutzigen Händen an einer hochherrschaftlichen Persönlichkeit wie dem Marquis zu vergreifen. Wahrscheinlich hätte man mich aufs Rad geflochten, um mir dann mit eisernen Stangen die Knochen zu brechen, einen nach dem anderen. So etwas war gang und gäbe.

Pauline sagte angespannt: »Das werde ich Ihnen niemals verzeihen, Onkel.«

»Ich glaube, es ist an mir, zu verzeihen«, sagte er bissig. »Geh in dein Zimmer.«

Auf das Klingeln hin waren zwei Diener erschienen. Wahrscheinlich hatte er vorher bereits entsprechende Order gegeben. Es waren zwei jüngere, ziemlich große Diener. Sie stürzten sich grinsend auf mich. Pauline, die bereits mit Marie auf dem Weg zur Tür gewesen war, blieb erschrocken stehen.

Der Marquis sagte: »Wäre dieser Junge ein Herr, ich hätte ihn eigenhändig verprügelt. Da das nicht in Frage kommt, werdet ihr ihn in den Hof bringen und ihm eine saftige Tracht Prügel verabreichen, und zwar unter Mademoiselles Fenster, damit sie, wenn sie schon nicht zuschauen will, zumindest seine Stimme hört. Danach gönnt ihm eine Erfrischung in der Pferdetränke und werft ihn aus dem Schloss.«

Die beiden Lakaien zerrten mich aus dem Zimmer, direkt vor den Augen Paulines, und ich sah die Verzweiflung auf ihrem Gesicht.

Spätnachmittags erreichte ich die Kate. Meine Kleider waren zwar während der dreistündigen Wanderung getrocknet, trotzdem sah ich aus wie eine Vogelscheuche. An meiner Jacke fehlte ein Ärmel und meine Lippe war aufgerissen. Ich sah aus wie der abgerissene Bursche, den Madame vor fünf Jahren hierher gebracht hatte.

Madame nahm gerade im Salon ihren Tee. Monsieur Legrand war bei ihr. Er trank Wein, denn er teilte ihre Vorliebe für englische Gebräuche nicht, hatte aber dankend ein Stück Kuchen angenommen.

»Pierre!« Sie hätte um ein Haar ihre Tasse fallen gelassen. »Was machst du denn hier? Mein armer Junge, was ist geschehen?«

Ich ließ mich auf einen Stuhl fallen. Plötzlich wurde mir bewusst, dass ich todmüde war. Ich versuchte zu lächeln und einen Spaß zu machen, um sie zu beruhigen. Dann erzählte ich ihnen, was vorgefallen war. Madame platzte fast vor Wut.

»Was? Er hat dich öffentlich im Hof prügeln lassen?«

»Sie haben nicht viele Stockhiebe landen können, weil sie zu sehr damit beschäftigt waren, mich festzuhalten.«

Tatsächlich hatte der Stock oft genug sein Ziel verfehlt. Ich selbst hatte auch einen derben Hieb gelandet. Einer der beiden Lakaien hatte jetzt vermutlich ein blaues Auge. Der andere hatte laut aufgeheult, als ich ihm einen kräftigen Tritt gegen das Schienbein versetzte. Sie hatten es zwar geschafft, mich in die Pferdetränke zu stoßen, waren danach aber genauso nass gewesen wie ich. Und was den Rauswurf anging, so hatte ich mich aus dem Staub gemacht, bevor sie zur Tat schreiten konnten. Trotzdem betrachtete ich die ganze Angelegenheit nicht gerade als ein Ruhmesblatt.

»Alles meine Schuld«, sagte Madame. »Ich hätte dich

nie und nimmer dorthin gehen lassen dürfen. Schließlich kenne ich ihn gut genug.«

»Was soll's«, sagte Monsieur Legrand. »Diesen Adeligen werden schon bald die Flügel gestutzt werden, und die Krallen auch.«

Dass Monsieur Legrand Bemerkungen wie diese machte, war nichts Neues für mich. Er war ein hitziger Bursche, der zuweilen merkwürdige Dinge sagte und uns schon mehr als einmal eine Revolution versprochen hatte. Manchmal zog er vom Leder, als spräche er vor einer Versammlung. Heute aber erschienen mir seine Worte bedeutungsvoller als sonst.

»Ja, das stimmt«, sagte Madame aufgeräumt, als habe er sie gerade an etwas Wichtiges erinnert. »Wir dürfen uns unsere kleine Feier nicht verderben lassen. Du kommst gerade rechtzeitig, Pierre. Geh, wasch dich und zieh dich um. Vater Gamain wird auch bald hier sein.«

»Was für eine Feier, Madame?«

Sie lächelten sich zu. Legrand warf die Schultern zurück und nahm eine stramme Haltung an. Madame sagte: »Pierre, vor dir steht einer unserer Deputierten. Monsieur Legrand wird nach Versailles gehen – er wird uns bei den Generalständen vertreten.«

»Wirklich? Herzlichen Glückwunsch, Monsieur!«

Er verbeugte sich und sah sehr zufrieden aus. Madame erklärte mir alles. Frankreich war in dreihundert Distrikte unterteilt worden. Jeder dieser Distrikte würde vier Deputierte entsenden, einen Priester, einen Adeligen und zwei Bürgerliche. Die ersten beiden wurden von den Mitgliedern ihres jeweiligen Standes, der Kirche und des Adels, die anderen beiden von den Einwohnern des Distrikts gewählt.

»Ich habe in Morsac davon gehört«, sagte ich. »Der Marquis ist zum dortigen Vertreter des Adels gewählt worden.«

»Nur schade, dass Aulard zu einem anderen Distrikt gehört«, meinte Monsieur Legrand. »Ich hätte es amüsant gefunden, den Marquis zum Kollegen zu haben.«

»Aber, Monsieur, Sie werden doch sowieso nicht im selben Raum tagen«, warf ich ein. »Die Adeligen werden sich wohl kaum mit den Bürgerlichen an einen Tisch setzen.«

Monsieur Legrand lachte in sich hinein. »Sie werden das nicht wollen, aber vielleicht müssen sie es. Wir werden sehen.«

»Geh und zieh dich um, Pierre«, sagte Madame. »Ich habe zu Ehren von Monsieur Legrand ein ganz besonderes Essen geplant. Vergessen wir für einen Abend den Marquis.«

Das war nicht einfach für mich. Während ich mich wusch und umzog, wanderten meine Gedanken immer wieder zum Schloss zurück. Was hatten sie mit Pauline gemacht? Ob sie aus dem Fenster geschaut und meinen Fall in die Pferdetränke und meinen unrühmlichen Abgang mit angesehen hatte? Bei der Erinnerung daran brannten meine Wangen schlimmer als die Stellen, an denen mich die Stockhiebe getroffen hatten.

Ich ging zum Essen nach unten. Inzwischen war es dunkel geworden. Kerzenlicht fiel auf blank geputztes Silber und Glas. Ich fühlte mich sofort besser. Hier wurde ich wie ein junger Herr behandelt, nicht wie ein Diener.

Der Priester war noch nicht eingetroffen. Madame forderte uns auf, Platz zu nehmen.

»Er wird nichts dagegen haben, dass wir schon mit dem Essen beginnen. Pierre muss halb verhungert sein. Es kann viele Gründe dafür geben, dass sich Vater Gamain verspätet.«

Das stimmte. Wenn ein Dorfbewohner krank war oder Schwierigkeiten hatte, liess Vater Gamain ihn nicht einmal für ein Bankett beim König im Stich.

Er kam, als Madame gerade den Deckel der Suppenterrine hochhob. Mit abwesendem Gesichtsausdruck murmelte er eine Entschuldigung für seine Verspätung und grüßte mich zerstreut, als wäre es ganz normal, dass ich heute hier war.

»Wollen Sie das Tischgebet sprechen, Vater?«

Er tat es. Madame teilte die Suppe aus und betrachtete dann aufmerksam das Gesicht des Geistlichen.

»Ist etwas geschehen, Vater?«

»Ich kann es noch gar nicht glauben, Madame.«

»Dann muss es tatsächlich schwer zu glauben sein. Immerhin glauben Sie an Dinge, an die ich nicht glauben kann.«

»Erzählen Sie«, sagte der Apotheker.

»Heute hat eine Sitzung der örtlichen Geistlichen stattgefunden. Ich bin nicht hingegangen, weil mir der Weg zu weit war und ich so viele andere Dinge zu erledigen hatte …«

»Wie üblich.«

»Aber man hat mir anschließend berichtet.« Er sah in die Runde, auf seinem freundlichen Gesicht lagen Verwirrung und Sorge. »Sie haben mich aufgefordert, nach Versailles zu gehen und als Vertreter des Klerus an der Versammlung der Generalstände teilzunehmen. Ausgerechnet mich!«

Rufe des Erstaunens ertönten. Ich rief: »Aber das ist ja wunderbar, Vater! Zuerst Monsieur Legrand und jetzt Sie!«

»Ich weiß, mein Junge, aber Monsieur Legrand ist im ganzen Distrikt bekannt. Er hält Reden, er ist schlau, während ich ...«

»Während Sie ein Heiliger sind, Vater«, unterbrach ihn Madame. »Jeder hier weiß das. Obwohl ich nie für möglich gehalten hätte, dass die anderen ehrwürdigen Herren dies zugeben würden.«

Monsieur Legrand sprang auf und lief um den Tisch herum. Er ergriff Vater Gamains Hand und schlug ihm auf die Schulter. »Ich bin mir nicht ganz sicher, ob Heilige in der Versammlung der Generalstände viel bewirken können, Vater, aber wir können gar nicht genug Menschen Ihrer Sorte haben.«

Dann begannen wir, unsere Suppe zu löffeln. »Man bedenke«, rief Madame aus, »zwei meiner alten Freunde nehmen als Deputierte an der Versammlung teil! Ich würde alles darum geben, wenn ich sehen könnte, wie Sie beide in die Nationalversammlung einmarschieren.« Plötzlich ließ sie ihr markerschütterndes Gelächter hören. »Warum eigentlich nicht? Jawohl, warum eigentlich nicht?«

Über den Tisch hinweg sah sie mich an. Ich begriff zuerst gar nicht, worauf sie hinauswollte.

»Pierre, du und ich, wir werden ebenfalls nach Versailles gehen. Die Generalstände werden dort Geschichte machen. Da möchte ich dabei sein!«

8 *Macht und Majestät*

Die Neugier auf die Reise half mir, meine Sorgen zu vergessen. Ich hatte mich noch nie weiter als dreißig Meilen von dem Dorf entfernt, in dem ich geboren war. Madame würde mich in eine WeIt bringen, von der ich bisher nur gehört und gelesen hatte. Alles war neu und wundervoll.

Frühling lag in der Luft – und das nicht nur, weil Ende April war. Überall waren Blüten und Knospen zu sehen. In diesem Jahr war der Frühling in Frankreich irgendwie anders als sonst. Endlich würde etwas passieren. Das alte, morsche System würde abgelöst werden, der König würde auf das Volk hören, die Ungerechtigkeiten würden ein Ende haben, alles würde besser werden.

Madame hatte seit zwanzig Jahren von nichts anderem geträumt. Jetzt, da ihr Traum wahr zu werden versprach, wirkte sie auf mich wie ein fröhliches junges Mädchen, eher siebzehn als siebzig.

Vater Gamain und Monsieur Legrand hatten sich schon vor uns auf den Weg nach Versailles gemacht. Sie mussten am 2. Mai, einem Samstag, dort sein. An diesem Tag würde der König die Deputierten begrüßen.

Madame und ich und die Diener blieben zunächst ein paar Tage in Paris. Sie wollte mir die Stadt zeigen. In Wirklichkeit hatte sie die lange Fahrt über Straßen, auf denen noch der Matsch und die Schlaglöcher des Winters das Reisen beschwerlich machten, mehr Kraft gekostet, als sie zugeben wollte.

Sie hatte immer noch ihre Wohnung im Palais des Tuileries, die ihr vor langer Zeit, als sie am Hof noch großes Ansehen genoss, überlassen worden war. Sie hatte einer alten Freundin, Madame Haussmann, der Opernsängerin, erlaubt, sie zu benutzen. Die Wohnung war zu klein für uns alle, aber Madame Haussmann gelang es, mir und Berthe je ein eigenes Zimmer zur Verfügung zu stellen. Jacques und Georges fanden irgendwo im Labyrinth der alten Häuser innerhalb des königlichen Bezirks eine Unterkunft.

Der Palast selbst war ebenfalls eine Art Labyrinth. Kaum zu glauben, dass er einmal als Königspalast gedient hatte. Mit der langen Westfront, die auf die Gartenanlagen an der Seine hinausging, und der riesigen Treppe, die auf der anderen Seite in den Hof führte, sah er zwar immer noch beeindruckend aus. War man aber erst einmal im Innern des Gebäudes, dann sah man, dass die alten Zimmerfluchten so oft immer wieder unterteilt worden waren, dass von ihrer einstigen Großzügigkeit nichts mehr übrig geblieben war. Niemand wusste, wie viele Menschen hier lebten. Kleine Beamte erhielten hier als Teil ihrer Entlohnung eine Wohnung zugewiesen. Anderen, die schon längst zu alt zum Arbeiten waren, hatte man als eine Art Pension eine kleine Ecke zugeteilt. Maler, Schauspieler und Musiker lebten ebenfalls hier, ein buntes Völkchen aus anständigen und weniger anständigen Menschen.

»Ich nehme nicht an«, sagte Madame Haussmann mit ihrer warmen Altstimme, »dass sich in den letzten zehn

Jahren jemand die Mühe gemacht hat, eine Überprüfung des Wohnrechts vorzunehmen, oder?«

Madame lachte. »Zum Glück nicht, meine Liebe. Die mangelnde Tüchtigkeit der Regierung hat eben auch ihre guten Seiten.«

Außer dem Palast gehörte noch ein Wust weiterer alter Gebäude zum königlichen Bezirk. Sie drängten sich zwischen dem Königshof und dem noch älteren Louvre-Palast zusammen. Das Ganze war wie eine kleine Stadt mit einem eigenen Platz, dem Place du Carrousel, und einem Netzwerk enger Straßen. Hinter den hohen Mauern, die die Tuilerien vom eigentlichen Paris trennten, war dieser merkwürdige, graue, von Spinnweben übersäte Ort eine Welt für sich.

»Warum hat der König zugelassen, dass alles so verfällt?«, wollte ich wissen. »Hält er sich denn nie in Paris auf?«

»Nicht dass ich wüsste«, sagte sie spöttisch.

»Und warum nicht, Madame?«

»Das wirst du verstehen, wenn du erst Versailles gesehen hast.«

Madame erklärte, dass Ludwig der Vierzehnte Paris gehasst hatte, seit man dort einen Anschlag auf ihn verübt hatte. Damals war er noch ein Junge gewesen. Er hatte das königliche Jagdschloss in Versailles, zwölf Meilen von Paris entfernt, in eine riesige Schlossanlage umgewandelt und zur wahren Hauptstadt Frankreichs gemacht. Spätere Könige hatten dies beibehalten.

»Du wirst viele Dinge verstehen, wenn du erst Versailles gesehen hast«, sagte Madame.

Sie sollte Recht behalten. Großartig war ein schwacher Ausdruck für das, was ich wenige Tage später zu sehen bekam. Das Schloss am Ende eines weiten Platzes war wie eine Klippe, die über einem Meer von Pflastersteinen aufragte. Einen Schlossgraben und Wehrgänge gab es hier nicht. Selbstgefällig und imposant thronte der Palast auf der der Stadt gegenüberliegenden Seite des weiten Platzes. In den Tagen des Sonnenkönigs hatte er zehntausend Menschen beherbergt. Durch die vielen Adeligen, die jetzt zur Versammlung der Generalstände nach Versailles gekommen waren, waren es fast wieder ebenso viele.

»In der Stadt ist alles voll«, versicherte uns Monsieur Legrand, als wir ihn am Nachmittag dieses Sonntags trafen. »Ich hatte Glück. Viele Deputierte müssen in Kirchen auf dem Boden schlafen.«

Er hatte es geschafft, uns Zimmer im *Hôtel du Renard* in der Rue Sainte-Élisabeth zu besorgen, wo auch einige Deputierte untergekommen waren. Man erkannte sie an ihrer Kleidung – alle Bürgerlichen trugen eine Art Uniform: dunkle Anzüge und Strümpfe, dazu einfache weiße Krawatten und Schlapphüte.

»Ihr seht alle so langweilig, so ehrbar aus!«, sagte Madame neckend. »Glauben Sie wirklich, dass eine derartig bieder aussehende Menge etwas bewegen kann?«

»Wir werden sehen, Madame. Die Männer, die unter Washington gekämpft haben, waren auch nicht modisch gekleidet, ebenso wenig die Puritaner, und doch haben sie es geschafft, ihrem König den Kopf abzuschneiden.«

Einen Augenblick lang herrschte Stille. Madame war schockiert. Monsieur Legrand sagte gelegentlich haarsträubende Dinge und ließ sich gern zu dramatischen Posen hinreißen, aber diesmal war er offenbar zu weit gegangen.

»So etwas wird hier nicht erforderlich sein«, sagte Madame schließlich.

»Natürlich nicht. Das wollte ich damit nicht sagen ...«

Niemand von den Anwesenden hatte persönlich etwas gegen Ludwig den Sechzehnten. Er galt als angenehmer, wenn auch ein wenig einfältiger Mensch. Es hieß, er sei Wachs in den Händen der Königin. Fast alle Missstände wurden Marie-Antoinette angelastet. Der König war in Ordnung. Hätte er einer Verfassung und einer gerechten Gesetzgebung nach dem Vorbild der Amerikaner und Engländer zugestimmt, das Volk wäre zufrieden gewesen.

Bald nach unserer Ankunft suchte uns Vater Gamain auf. Er hatte zusammen mit vielen anderen Vertretern der Kirche Unterkunft in einer Abtei gefunden. Anfänglich neigten die Vertreter der drei Stände – Klerus, Adel und Bürgertum – natürlich dazu, unter sich zu bleiben. Vater Gamain und Monsieur Legrand waren sich aber einig, dass man sich, wenn erst die eigentliche Arbeit begann, unbedingt zusammensetzen musste.

»Und das wird auch geschehen«, sagte der Geistliche. »Schließlich handelt es sich um eine Nationalversammlung, zu der uns der König hierher gebeten hat – und nicht um drei getrennte Zusammenkünfte.«

»Hoffentlich haben Sie Recht«, brummte der Apotheker. »Sie sind sehr optimistisch.«

Er erzählte uns von dem Empfang, der am Vortag im Spiegelsaal von Versailles stattgefunden hatte. Sicher, der König hatte geruht, sie willkommen zu heißen, aber de Brézé, der Zeremonienmeister, hatte alles getan, um deutlich zu machen, dass die Bürgerlichen natürlich keinesfalls mit den beiden anderen Ständen gleichzusetzen waren. Für die Adeligen und Geistlichen hatte man schwungvoll die doppelflügeligen Türen aufgerissen, Monsieur Legrand und seine Freunde waren durch eine Nebentür hereingeführt worden.

»Es ist nicht etwa so, dass Monsieur Legrand Wert auf diese Kleinigkeiten legt«, sagte Vater Gamain feixend. »Eigentlich hält er die höfische Etikette für überlebt und albern.«

Monsieur Legrand lief rot an. »Jawohl! Aber es geht ums Prinzip. Wenn die der Ansicht sein sollten, sie können uns weiterhin wie Abschaum behandeln, dann täuschen sie sich gewaltig!«

Am nächsten Morgen fand in der St.-Ludwigs-Kathedrale für die Vertreter aller drei Stände eine feierliche Messe statt, für die wir allerdings keine Sitzplätze ergattern konnten. Hinterher war ich froh darüber, denn allein die Predigt soll über zwei Stunden gedauert haben. Madame hatte es aber wenigstens geschafft, uns zwei Fensterplätze zu besorgen, sodass wir die Ankunft der Abgeordneten und der Ehrengäste beobachten konnten.

Seit der Morgendämmerung waren Schaulustige aus Paris nach Versailles geströmt. Alle Straßen waren verstopft. Den Soldaten gelang es nur mit Mühe, in der Straßenmitte eine Gasse freizuhalten. Alle Dachfenster waren mit neugierigen Gesichtern besetzt. Männer hockten auf Brüstungen, klammerten sich an Kamine oder saßen auf den eisernen Halterungen der Straßenlaternen. Die Luft war von einem unaufhörlichen Murmeln erfüllt. Aus der Ferne waren Trommeln und Pfeifen zu hören, die die Ankunft des Zuges ankündigten.

»Da sind sie«, flüsterte Madame.

Die Bürgerlichen, die Vertreter des dritten Standes, kamen in Zweierreihen. Sie trugen Kerzen in den Händen. Rechtsanwälte und Ärzte, Bauern und Ladenbesitzer von überall her – aus den Fischerhäfen der Bretagne, aus den Pyrenäen, aus allen Ecken des Königreichs. Im Vergleich zu den Soldaten mit ihren blauen und goldenen Uniformen, ihren blitzenden Piken und Schwertern wirkten sie schäbig.

Mindestens ein Adeliger war unter ihnen. »Da!« Madame zeigte auf einen Mann. »Der große Mann dort – das ist Mirabeau.«

Ich sah mir den Comte de Mirabeau näher an. Sie hatte mir oft von diesem Unruhestifter aus dem Süden erzählt, dessen Spitzname ›Fackel der Provence‹ lautete. Trotz seines blauen Blutes wurde er nicht müde, das System zu attackieren. Seine Worte, gesprochen oder geschrieben, wiegelten die Menschen auf. Statt sich von Adeligen wählen zu lassen, hatte er es geschafft, einen Sitz als Bürgerlicher zu erhalten.

Wir begrüßten ihn mit einem Sonderapplaus. Als hätte er Madames Stimme in all dem Getöse gehört, schaute er hoch, riss sich den Schlapphut vom Kopf, schwenkte ihn und lächelte. Ich sah ein hartes, pockennarbiges Gesicht unter einem Busch schwarzer Haare.

»Ein hässlicher Teufel«, murmelte Madame und winkte ihm zu. »Aber ein Kämpfer – was für ein Kämpfer!«

Die Bürgerlichen verschwanden in der Kathedrale. Jetzt kam der zweite Stand, elegant gekleidet in schwarzen Samt und Gold, mit Federhüten auf dem Kopf und umgeschnallten Degen. Einer der Männer trat aus der Reihe und stellte sich vor die Adeligen, so als wolle er Anschluss an die Nachhut der Bürgerlichen halten und sich mit ihnen verbrüdern – wie Mirabeau. Er wurde von der Menge begeistert begrüßt.

»*Vive d'Orléans!*«, donnerte es. »*Vive d'Orléans!*«

Das war der Cousin des Königs, der Duc d'Orléans, Oberhaupt eines rivalisierenden Zweiges der königlichen Familie. Manche behaupteten, von Rechts wegen müsse er König sein, und nicht wenige wünschten, er wäre es. Obwohl er der reichste Mann Frankreichs war, stellte er sich auf die Seite des Volkes. Marie-Antoinette hasste ihn, das allein reichte, um ihn beim Volk beliebt zu machen.

»Lafayette«, rief Madame mir ins Ohr.

Auch er wurde lautstark begrüßt. Wäre er nicht gewesen, die heutige Versammlung hätte möglicherweise nicht stattfinden können. Er war es, der vom König die Einberufung der Generalstände gefordert hatte. Was Madame über ihn zu erzählen wusste, hatte mich immer fasziniert. Er kam mir vor wie ein Ritter aus längst vergangenen Tagen, der in unsere Zeit hineingeboren worden war. Mit neunzehn Jahren war er nach Amerika gegangen und hatte als Generalmajor in Washingtons Armee gedient. Jetzt war er um die dreißig, aber er kämpfte immer noch für die Freiheit, sei es die Freiheit der Negersklaven in Amerika oder die Freiheit der Bauern in Frankreich.

Auf einen der Männer brauchte Madame mich nicht besonders aufmerksam zu machen. Obwohl er, wie alle anderen auch, einen Federhut und einen Samtumhang trug, war er unverkennbar. Die steifen Schultern und der tänzelnde Gang konnten nur einem gehören: dem Marquis de Morsac. Wie musste er die Massen verachten, die sich zu beiden Seiten an den Zug herandrängten! Dass er sie überhaupt wahrnahm, konnte man nur daran erkennen, dass er sich ein Taschentuch vor die spitze Nase hielt.

Ich spürte, wie Scham und Hass mich erfüllten. Meine Nackenhaare sträubten sich wie damals, als er über meine Schultern hinweg auf die Staffelei zu schauen pflegte. Ich hatte natürlich damit gerechnet, dass ich ihn hier sehen würde, war aber überrascht, welche Gefühle sein Anblick in mir auslöste.

Was er wohl mit Pauline gemacht hatte? Ob er ihren Willen gebrochen hatte? Oder hielt er sie mehr oder weniger hinter Schloss und Riegel? Was war aus meiner Miniatur geworden? Und aus dem gichtkranken, alten Witwer aus Bordeaux? Waren die Eheverhandlungen auch ohne das vom Marquis zerstörte Porträt vorangekommen?

Das wäre der Gipfel, durchfuhr es mich plötzlich heiß, wenn der Marquis die Miniatur an sich genommen und statt des Porträts nach Bordeaux geschickt hätte. Was für ein schlechter Witz, wenn mein persönliches Geschenk Pauline zum Nachteil gereicht haben sollte!

Nach den Adeligen defilierte der erste Stand in die Kathedrale: Bischöfe, Erzbischöfe und Äbte in Violett und Scharlachrot, Gemeindepfarrer wie Vater Gamain in einfachen Soutanen und Biretten.

»Jetzt kommen die Minister des Königs«, sagte Madame. »Der zur Rechten, das muss Necker sein.«

Necker wirkte genauso, wie man sich einen Schweizer Bankier vorstellte. Der König hatte nacheinander mehreren Personen den Posten des Finanzministers anvertraut. Nachdem es einem Erzbischof, einem Philosophen und einem Hofbeamten nicht gelungen war, einen ausgeglichenen Haushalt vorzulegen, war er gezwungen gewesen, einen Mann zurückzurufen, der, obwohl Ausländer, wenigstens etwas von Geld verstand. Nach Überzeugung von Monsieur Legrand kam dieser Schritt jedoch viel zu spät. Selbst ein kluger Kopf wie Necker würde die Regierung keine sechs Monate mehr im Amt halten können, sofern es nicht einige drastische Veränderungen gab und die Wünsche des Volkes berücksichtigt wurden.

Nach den Ministern kamen die jüngeren Brüder des Königs, der Comte de Provence und der Comte d'Artois, in aufrechter, arroganter Haltung. Man konnte ihnen ansehen, dass sie die ganze Angelegenheit mindestens so verabscheuten wie unser verehrter Freund, der Marquis de Morsac. Dann endlich kamen die Majestäten.

Ludwig hatte eine riesige Nase und ein fröhliches, wenn auch etwas einfältiges Gesicht. Er lächelte, verbeugte sich und versuchte, das Beste aus der Situation zu machen. Ganz offensichtlich wollte er, dass ihn alle mochten. Der Königin hingegen schien das völlig gleichgültig zu sein. Ihr Auftreten war wie das der Brüder des Königs. Erstaunlicherweise war sie gar nicht so hübsch, wie ich erwartet hatte. Im Gegenteil, für eine Frau von dreißig wirkte sie ziemlich alt.

»Man nennt sie ›die Österreicherin‹«, sagte Madame. »Des Königs böses Genie.«

Sie wurde nicht mit Hochrufen begrüßt. Aber plötzlich begann ein Teil der Menge wieder zu schreien: »*Vive d'Orléans! Vive d'Orléans!*«

Die Königin zuckte zusammen, der König runzelte zum ersten Mal indigniert die Stirn. Dann verschwanden die beiden unter Fanfarenstößen in der Kathedrale.

Eine Dame neben mir sagte begeistert: »Was für ein Anblick! Es war, als sähe man tausend Jahre französischer Geschichte.«

»Selbst das längste Schauspiel hat einmal ein Ende«, sagte Madame trocken.

Als alles vorüber war, verließen wir unseren Platz, um ein wenig frische Luft zu schnappen. Viele andere hatten denselben Gedanken. Sie schlenderten zu Hunderten über die Terrasse, strömten die große Freitreppe oberhalb des Sees hinauf und hinunter, promenierten über die grünen, kerzengeraden Prachtstraßen oder flanierten an den Ufern des in Form eines Kreuzes angelegten Kanals entlang. Aber Versailles war so groß, dass Platz für alle war.

Ich hatte Angst, dass Madame sich übernehmen könnte. Sie hatte es sich in den Kopf gesetzt, mir alles zu zeigen: die Grotten, die Freilufttheater, das winzige Opernhaus, die Porzellanpavillons, die chinesischen Pagoden.

»Was mag das alles gekostet haben?«, fragte ich.

»Das wird nie jemand erfahren – der frühere König hat alle Unterlagen vernichten lassen. Aber Versailles hat nicht nur Geld gekostet, sondern auch Leben.«

»Leben, Madame?«

»Leben, mein junger Freund. Hunderte von Menschen haben für das hier mit ihrem Leben bezahlt.«

Sie erklärte mir, was sie meinte. Um dieses Paradies zu schaffen, hatte Ludwig der Vierzehnte tief in die Natur eingegriffen. Berge waren abgetragen, Sümpfe trockengelegt und Wasser über Hunderte von Meilen durch Rohre und Aquädukte herangeschafft worden. Sechsunddreißigtausend Männer hatten hier geschuftet. In den Sümpfen war Malaria ausgebrochen und die Männer waren wie die Fliegen gestorben. Aber die Arbeiten waren weitergegangen. Trotzdem hatte der König die Fertigstellung nicht mehr erlebt, obwohl er länger regiert hatte als alle Könige vor ihm.

»Fünfzig Jahre haben die Bauarbeiten gedauert«, sagte sie bitter. »Fünfzig Jahre lang hat Frankreich nichts anderes getan, als das hier zu bauen.«

Als sie in London gewesen war, hatten ihre englischen Freunde kaum glauben können, was sie ihnen von Versailles erzählt hatte.

»Sie halten die Franzosen für verrückt, und ich glaube, sie haben Recht. Fast ein Viertel des Haushaltes wird für den Unterhalt der königlichen Familie aufgewendet. Und als ich ihnen erzählt habe, was die Höflinge erhalten, obwohl sie nicht mehr sind als Dekoration, als ich gesagt habe, was der königliche Hundemeister und der königliche Falkner für ein Gehalt bekommen, während die Menschen überall in Frankreich zerlumpt sind und hungern, haben sie nur fassungslos die Augenbrauen gehoben und gefragt: ›Warum?‹«

Wir waren ein wenig herumgewandert, an zwei kleineren Palästen vorbei – dem großen Trianon aus rosafarbenem Marmor mit seinen Kolonnaden und dem kleinen Trianon mit seinen grauen Wänden, dem persönlichen Zufluchtsort der Königin – und saßen nun in der Nähe des Schlosses in einer ruhigen Ecke neben einem riesigen Springbrunnen, der sich zwischen Skulpturen von Göttern und Göttinnen aus einem von einer Balustrade umgebenen See erhob. Ich war hin- und hergerissen. Der Künstler in mir genoss den Anblick der Herrlichkeiten, der Bauer in mir dachte daran, dass Menschen für das hier hungern mussten.

Madame schloss die Augen. Ihr Kinn sank auf die Brust. Ich blieb ein paar Minuten regungslos sitzen, dann stand ich vorsichtig auf und entfernte mich auf Zehenspitzen. Ich wollte mir die Skulpturen näher ansehen.

In diesem Augenblick entdeckte ich auf der anderen Seite des Sees, leicht verhüllt durch den Wassernebel des Springbrunnens, eine Gestalt, die ich kannte.

9 Die Brunnen von Versailles

Im ersten Moment konnte ich kaum glauben, dass es tatsächlich Pauline war. Ich hatte angenommen, sie sei in Morsac. Als ich das Schloss des Marquis ›verlassen‹ hatte, hatten die Planungen der Familie noch so ausgesehen, dass der Marquis allein nach Versailles reisen würde.

Aber sie war es wirklich. Sie hatte eine Art Sommerkleid mit weißen und blassgrünen Streifen an und einen Strohhut auf dem Kopf. Sie hob die Hand und winkte mir zu.

Sie war allein. Ich winkte zurück und fing an, um den See herum zu ihr auf die andere Seite zu laufen. Sie fing ebenfalls an zu laufen, aber in die falsche Richtung. Ich blieb stehen, drehte mich um und rannte in die andere Richtung. Im selben Augenblick hatte sie wohl dieselbe Idee, denn auch sie machte auf dem Absatz kehrt. Als sie sah, dass wir so nicht weiterkommen würden, setzte sie sich lachend auf die Marmorbrüstung und wartete, bis ich sie erreichte.

»Wir hätten noch Stunden so weitermachen können«, japste sie.

Ich küsste ihr die Hand. »Mademoiselle! Was für ein wunderbarer Zufall! Wie um alles in der Welt sind Sie hierher gekommen?«

»Kein Zufall – ich habe Sie vom Fenster aus gesehen.«

Sie machte eine Kopfbewegung in Richtung Schloss. »Ich bin sofort losgerannt, weil ich Angst hatte, Sie könnten wieder verschwinden.«

»Was ist mit Ihrer Cousine?«, fragte ich besorgt. »Und mit Madame la Marquise?«

Sie verzog das Gesicht. »Sie hatten natürlich einen Platz in der Kathedrale. Im Gegensatz zu mir.«

»Was für eine Gemeinheit!«

»Finden Sie?« Ihre dunklen Augen tanzten in dem Schatten, den der Strohhut auf ihr Gesicht warf. »Wir hätten uns verpasst. Wir würden immer noch denken, der andere sei Hunderte von Meilen von hier.«

»Ich bin froh, dass es anders gekommen ist.«

Einen Moment lang wusste ich nicht, was ich sagen sollte. Es war eine merkwürdige Situation. Wir waren noch nie ganz allein gewesen. Hier waren wir es, auch wenn Madame ganz in der Nähe vor sich hin döste und Hunderte von Menschen auf und ab flanierten.

»Ist alles in Ordnung?«, fragte Pauline.

»In Ordnung?«

»Hat man Ihnen wehgetan, damals?«

»O das, nein.«

»Sie haben einem der Lakaien ein wunderschönes blaues Auge verpasst. Wie ein pochiertes Ei.« Sie lachte. »Das klingt nicht sehr damenhaft, oder?«

»Kann sein. Ich weiß nicht viel von – Damen.«

»O Pierre!« Sie wurde ernst. »Es war schrecklich, damals, aber was hätte ich tun sollen?«

»Nichts.«

»Ich trage die Miniatur immer bei mir.« Sie legte eine Hand auf die Brust. »Zuerst habe ich nicht gewagt, sie zu tragen. Selbst jetzt verstecke ich sie hinter einer Miniatur meiner Mutter. Mein Onkel war ungeheuer erbost! Er ließ mein Zimmer durchsuchen, nachdem man Sie weggeschleppt hatte. Danach zog meine Tante mich splitternackt aus. Aber ich hatte die Miniatur vorher an einem sicheren Platz versteckt und habe gewartet, bis der Sturm vorüber war. Das Schloss ist voller Verstecke.«

»Da fällt mir etwas ein. Wie ist Ihr Onkel eigentlich unbemerkt in das Musikzimmer gelangt?«

»Durch den Kamin, man kann ihn drehen. Man kann vom Zimmer nebenan in das Musikzimmer. Damals wusste ich das noch nicht, aber es ließ mir keine Ruhe, bis ich herausgefunden hatte, welcher Trick dahinter steckt.«

»Ist die Zeit danach sehr schwer gewesen?«

Sie zuckte mit den Schultern. »Angenehm war sie nicht. Glücklicherweise wurde plötzlich die Entscheidung getroffen, dass wir alle nach Versailles gehen. So hatte die Marquise etwas zum Nachdenken. Ich glaube, mein Onkel hätte kein gutes Gefühl gehabt, wenn er mich in Morsac gelassen hätte.«

»Kein gutes Gefühl? Warum?«

Ein Lächeln zuckte in ihren Mundwinkeln. »Was glauben Sie wohl?«

»Doch nicht – doch nicht etwa meinetwegen?«

Ich sah ihrem Gesicht an, dass ich richtig vermutet hatte. Ich spürte, wie sich meine Lippen zu einem überraschten Lächeln verzogen. Monsieur le Marquis de Morsac machte sich trotz seiner hohen Stellung und seines uralten Adelstitels Sorgen um das, was der junge Pierre Mercier während seiner Abwesenheit im Schilde führen könnte. Ein schönes Gefühl.

»Jedenfalls schaffte er uns mit Sack und Pack aus dem Schloss«, sagte Pauline. »Angélique hat sich so gefreut, dass sie Ihnen fast dankbar war. Wir wohnen dort drüben.« Sie zeigte auf einen Flügel des Schlosses.

Ich sagte ihr, wo wir untergekommen waren.

»Wir müssen versuchen, uns zu sehen«, sagte sie. »Das wird vielleicht nicht einfach sein. Wenn mein Onkel herausbekommt, dass Sie ebenfalls hier sind, schickt er mich bestimmt auf dem schnellsten Weg nach Morsac zurück – mit einer Eskorte Dragoner.«

»Ist das nicht verrückt? Dabei wollen wir nichts weiter als Freunde sein.«

»Und das werden wir auch, niemand kann uns daran hindern.«

»Nicht einmal der Marquis?«

»Nicht einmal der Marquis.«

»Das sagt sich so leicht. Ich weiß nicht, ob Ihnen klar ist, dass zwischen Menschen wie Ihnen und mir Mauern stehen.«

»Mauern können eingerissen werden.«

»Das sagt Monsieur Legrand auch immer. Er ist groß im Mauerneinreißen – im Prinzip.« Beim Gedanken an den Apotheker und seine feurigen Reden musste ich lächeln. Ich erzählte Pauline von ihm, von den hohen Idealen, mit denen er nach Versailles gekommen war. Von seinen Plänen, die Mauern zwischen den Ständen einzureißen und dafür zu sorgen, dass alle Menschen gleich behandelt wurden.

Ihre Augen glänzten. »Ob Monsieur Legrand und seine Freunde das jemals schaffen werden, Pierre?«

»Ich weiß es nicht. Manchmal meine ich, sie müssen es einfach schaffen, wenn das Leben lebenswert werden soll. Dann wieder schaue ich mir Menschen wie Ihren Onkel und die vielen Soldaten auf den Straßen an und denke: Wie soll das gehen? Das Problem ist, dass die eine Seite die Ideen hat, die andere Seite aber die Kanonen.«

»Was immer auch geschehen mag, es wird nichts an unserer Freundschaft ändern.«

Ich war mir da nicht so sicher. Obwohl ich das, was die nahe Zukunft für uns bereithielt, nicht einmal in meinen wildesten Träumen hätte vorhersehen können, spürte ich schon damals, dass die Ereignisse in Versailles darüber entscheiden würden, ob wir uns wieder sahen. Dass ein Junge wie ich mit der Nichte eines Marquis befreundet sein konnte, schien mir nur möglich, wenn sich ein paar grundsätzliche Dinge änderten.

Ich setzte an, ihr das zu erklären, aber sie ließ mich nicht ausreden.

»Ich habe gesagt, dass ich mich in dieser Sache nicht einmal von meinem Onkel bevormunden lassen werde, und dabei bleibe ich, Pierre.«

Statt auf meinen Zweifeln zu beharren, sah ich sie nur ungläubig an. Sie würde es noch früh genug merken. Da ich nichts sagte, fuhr sie fort: »Ich verspreche es – und Sie müssen es ebenfalls versprechen.«

»Was?«

Sie lachte und versuchte, das Ganze ins Lächerliche zu ziehen, aber man merkte ihr an, dass es ihr ernst war. »Sie müssen schwören, hier an diesem 4. Mai 1789 neben dem Brunnen von Versailles.« Sie nahm meine Hand. »Bitte, Pierre!«

»Gut, ich schwöre. Ewige Freundschaft.«

»Ewige Freundschaft.« Sie ließ meine Hand los.

»Klingt ziemlich romantisch, oder?«, sagte sie lächelnd. »Aber ich meine es ernst und Sie hoffentlich auch.«

Wir wollten eine oder zwei Wochen in Versailles bleiben, nicht länger. Die Minister des Königs waren mit ihrer Weisheit am Ende, sonst wären die Generalstände nicht einberufen worden. Wir rechneten damit, dass der König einer Verfassung zustimmen würde, dann würden die Deputierten über notwendige Steuern beraten und abstimmen, und danach würden wir wieder nach Hause fahren, in der Gewissheit, dass ein guter Anfang gemacht worden war.

Aber so einfach sollte es nicht werden.

Madame und ich saßen auf der Galerie der riesigen Säulenhalle, als der König die Nationalversammlung feierlich eröffnete. Man nannte dies die ›königliche Sitzung‹, und es waren alle Deputierten gemeinsam eingeladen: dreihundert Vertreter des Klerus, dreihundert Vertreter des Adels und sechshundert Vertreter des Bürgertums. Madame sagte, die Zeremonie hätte Ähnlichkeit mit der Eröffnung des englischen Parlaments, bei der beide Häuser in einer gemeinsamen Sitzung der Rede des Königs zuhörten.

Das Problem war nur, dass das englische Parlament aus zwei eigenständigen Häusern bestand, während hier in Versailles die Vertreter von drei Ständen tagten. Auf die Frage, ob diese drei Stände zu gemeinsamen Maßnahmen in der Lage waren, konnte bisher keiner eine Antwort geben. Dies hing vor allem davon ab, welcher Modus für die Abstimmung gelten würde.

»Wenn wir als eine große Versammlung arbeiten«, hatte mir Monsieur Legrand erklärt, »ist uns die Hälfte aller Stimmen von Anfang an sicher. Dazu kommen sicher einige Stimmen des Klerus, und auch einige Adelige werden uns unterstützen. Wir können also mit einer Mehrheit rechnen. Wenn aber alle Angelegenheiten von den drei Ständen separat beraten und entschieden werden, steht es zwei zu eins gegen uns. Das bedeutet, dass Klerus und Adel jeden unserer Anträge zu Fall bringen können.«

Als sich der König erhob, um seine Rede zu halten, waren wir daher sehr gespannt, ob er auf diese Frage eine Antwort hatte. Er ging in seiner langen Rede mit keinem Wort darauf ein. Ebenso wenig der Finanzminister, der im Anschluss an den König eine noch längere Rede hielt. Wir tappten genauso im Dunkeln wie zuvor. Als der König und seine Minister den Saal verließen, beugten wir uns über das Geländer der Galerie, um zu sehen, was die Mitglieder der Nationalversammlung nun tun würden.

Madame sagte wütend: »Sie gehen. Der Klerus verlässt den Saal!«

»Der Adel ebenfalls!«

Innerhalb von fünf Minuten war der Saal unter uns halb leer. Nur die dunkel gewandeten Deputierten des dritten Standes waren geblieben. Sie hätten ohnehin nicht gewusst, wohin sie gehen sollten, denn im Gegensatz zu den Vertretern des Klerus und des Adels hatte man ihnen keinen anderen Saal für ihre Sitzungen zur Verfügung gestellt.

Aus dem Saal drang ein unaufhörliches Murmeln zu uns herauf. Es war, als blicke man in einen Haufen wütender, durcheinander laufender Ameisen. Man schickte den Deputierten der beiden anderen Stände

Boten nach. Die Boten kamen zurück, die Deputierten nicht. Man stand in Gruppen beieinander. Wütende Stimmen in fast allen Dialekten Frankreichs waren zu hören.

»Komm«, sagte Madame schließlich und erhob sich von ihrem Sitz. »Sie werden heute keine Entscheidungen mehr zustande bringen.«

Auch am nächsten Tag und am Tag darauf kamen keine Entscheidungen zustande. Die Pattsituation dauerte mehrere Wochen lang an.

Die Adeligen weigerten sich, gemeinsam mit den Bürgerlichen zu tagen. Beim Klerus war es nicht anders, obwohl es, wie Vater Gamain uns mitteilte, nicht wenige Geistliche gab, die sich für gemeinsame Sitzungen aussprachen. Beide Stände, Adel wie Klerus, trafen sich aber weiterhin zu separaten Sitzungen, obwohl jeder für sich wenig tun konnte.

Die Bürgerlichen dagegen ließen sich auf keine Forderung der Regierung ein. Sie weigerten sich, über die angeforderten Gelder auch nur zu debattieren. Sie öffneten nicht einmal die Briefe, die von offizieller Seite an sie gerichtet wurden.

»Das ist eine Frage des Prinzips«, erklärte uns Monsieur Legrand. »Sobald wir auch nur eine Handbreit nachgeben, sind wir verloren.«

Er ging jeden Morgen zum Sitzungssaal, um zu sehen, ob es neue Entwicklungen gegeben hatte, und um endlose Diskussionen mit seinen Kollegen zu führen. Alle waren sich einig, dass sie keinen Vorsitzenden wählen und auch sonst nicht als separater Stand auftreten würden. Sie wollten eine Nationalversammlung, die diesen Namen auch verdiente, oder gar nichts.

»Wir werden ja sehen, wer diese Situation länger erträgt«, sagte Monsieur Legrand.

Man konnte nicht umhin, ihren Mut zu bewundern. Sechshundert unbewaffnete Männer gegen die ganze Macht und Herrlichkeit der französischen Krone. Zu verkünden: »Das Volk steht hinter uns!« war einfach, das Volk aber stand so weit hinter seinen Deputierten, war so viele Meilen von Versailles entfernt, dass es in einer Krisensituation keine Hilfe war. Und auf der Gegenseite wimmelte es von Adeligen, die nur auf eine Gelegenheit warteten, ihre Schwerter zu ziehen.

So verging der Mai. Es liefen Gerüchte um, dass die Menschen in anderen Gegenden Frankreichs weniger geduldig waren. In vielen Städten hatte es Hungeraufstände gegeben. Bei Unruhen in Paris waren 20 oder 30 Menschen erschossen worden. Der Ruf: »Zur Hölle mit den Geistlichen und Adeligen!« war laut geworden. Im eleganten Versailles hingegen war, zumindest nach außen, alles ruhig.

Madame und ich blieben im *Hôtel du Renard.* Ich traf mich hin und wieder mit Pauline, manchmal in den Gärten, manchmal in einer der Kirchen der Stadt. Der Marquis und seine Familie erhielten oft Einladungen, von denen Pauline ausgeschlossen war. Wenn der Marquis glaubte, Pauline sei mit einem Buch oder einer Stickerei beschäftigt, erkundete sie oft genug mit mir zusammen Versailles. Leuten, denen man nicht begegnen wollte, aus dem Weg zu gehen, war hier kein Problem. Es gab so viele Straßen, Grotten, Gewächshäuser und Pavillons, außerdem war man ständig von zahllosen Fremden umgeben.

Die restliche Zeit verbrachte ich mit Madame, und

zwar ohne an Langeweile zu leiden, denn sie hielt im Hotel Hof. Nach den vielen ruhigen Jahren in ihrem Landhaus genoss sie es, sich mit Gästen zu umgeben. Berühmte Männer kamen vorbei, tranken Tee oder Kaffee mit uns, teilten Madame die neuesten Gerüchte mit und baten sie um ihre Meinung zu diesem oder jenem. Bei solchen Gelegenheiten saß ich meist ruhig in einer Ecke, hörte den Gesprächen zu und zeichnete die Gesichter der Besucher. Wenn ich mir heute die Blätter anschaue, überkommt mich ein merkwürdiges Gefühl.

Mirabeau, dunkelhäutig, mit groben Gesichtszügen, mitreißend in seiner Beredsamkeit.

Lafayette, charmant und elegant, ein wenig selbstzufrieden, ein Mann, der im Gegensatz zu Mirabeau auf makelloses, ja ritterliches Verhalten Wert legte, aber nicht annähernd ein so brillanter Denker war.

Talleyrand, Bischof von Autun, ein ausgesprochen weltlicher Bischof, der sein Amt nur widerwillig wahrnahm und nur deswegen von seinem adeligen Vater zum Priester bestimmt worden war, weil ihn ein Unfall daran hinderte, in der Armee Karriere zu machen. Er war ein Freund Mirabeaus.

Auf den anderen Blättern sind Skizzen von Männern, die damals, als ich sie zeichnete, noch unbekannt waren. Da ist zum Beispiel eine Skizze von einem nervösen jungen Rechtsanwalt mit Brille, einem Deputierten aus Artois, der im selben Hotel wohnte wie wir. Er aß mit Vorliebe Orangen. Obwohl er noch keine dreißig war, war er bereits Richter gewesen, hatte aber auf sein Amt verzichtet, weil es ihm widerstrebte, Kriminelle zum Tode zu verurteilen. Er lobte meine Skizze und setzte seinen Namen darunter: Maximilien Robespierre.

Ich kann mich erinnern, dass in jenen Tagen heiß über die Todesstrafe diskutiert wurde. Die nächste Skizze zeigte einen freundlichen, kleinen Arzt, einen der Deputierten für Paris. Er vertrat die Ansicht, dass die üblichen barbarischen Strafen im zivilisierten Frankreich des achtzehnten Jahrhunderts fehl am Platze waren.

»Wenn ein Mensch unbedingt hingerichtet werden muss«, argumentierte er, »dann kann das auch schnell und möglichst schmerzlos geschehen.«

Adeligen wurde ein schneller Tod gewährt: Sie wurden geköpft. In einer Zeit, die sich etwas auf ihre humanistischen Ideale zugute hielt, sollte man seiner Ansicht nach auch dem gemeinsten Kriminellen diese Gnade gewähren. Er hatte eine alte Idee aus Schottland und Italien aufgegriffen und eine Enthauptungsmaschine konstruiert, die wirksamer und besser arbeitete als der geschickteste Henker Europas.

Es handelte sich um eine raffinierte Vorrichtung. Wir waren uns einig, dass die Maschine den Delinquenten unnötige Qualen ersparen konnte, sofern sich die Regierung entschloss, sie zu benutzen. Wir gratulierten dem Erfinder und wünschten ihm Glück. Wir mochten ihn alle, den Doktor Guillotin.

10 »Nur mit dem Bajonett«

Der Mai ging vorüber, und der Juni begann.

Reden, Reden, Reden … Die bürgerlichen Deputierten hatten das dauernde Reden langsam satt. Sie wollten Taten sehen. Andererseits waren sie immer noch nicht bereit, offizielle Sitzungen als ›dritter Stand‹ abzuhalten, denn das hätte bedeutet, dass sie nachgaben. Also erklärten sie sich kurzerhand selbst zur ›Nationalversammlung‹! Und sie luden Klerus und Adel ein, an den Sitzungen dieser Nationalversammlung teilzunehmen.

Außerdem – und das war ein ausgesprochen kluger Schachzug – beschlossen sie, dass an den König nur so lange Steuern entrichtet würden, wie die Nationalversammlung tagte. Sollte die Versammlung gegen ihren Willen aufgelöst werden, würde die Zahlung der Steuern sofort eingestellt.

»Mein Onkel ist außer sich«, erzählte mir Pauline am Tag nach dieser Entscheidung, als wir uns am Apollo-Brunnen trafen. »Wenn der König nachgibt, sagt er, dann kann er seine Krone gleich den Bürgerlichen übergeben und abdanken.«

»Was bleibt dem König anderes übrig, als nachzugeben?«

Sie zögerte. »Ich glaube, die Königin ist dabei, ihn zu bearbeiten. Ich weiß, dass mein Onkel mit ihr und den Prinzen gesprochen hat. Beim Mittagessen hat er gemeint, er wünschte, der König habe nur halb soviel Kampfeswillen wie seine Brüder. Jedenfalls hat der König in einem Punkt zugestimmt.«

»Und welcher ist das?« Ich war begierig auf Informationen aus erster Hand, die ich gleich an Monsieur Legrand weiterleiten wollte.

»Er wird eine weitere königliche Sitzung einberufen, wie am ersten Tag.«

»Gut! Die beiden anderen Stände werden an dieser Sitzung teilnehmen müssen.«

»Die Sache hat nur einen Haken.«

»Und der wäre?«

»Es handelt sich um einen Trick, mit dem der dritte Stand daran gehindert werden soll, Sitzungen als Nationalversammlung abzuhalten.«

»Aber wie kann eine königliche Sitzung …«

»Sie werden die Sitzung als Vorwand benutzen, um ab morgen den Saal zu schließen. Sie werden behaupten, der Saal müsse für die königliche Sitzung vorbereitet werden – zusätzliche Sitze, das Podium für den König und so weiter.«

Das also steckte dahinter! Wirklich ein raffinierter Schachzug. Noch am selben Abend warnte ich Monsieur Legrand. Wir fragten uns, wie wohl die Deputierten die Nachricht aufnehmen würden. Am nächsten Morgen nieselte es, trotzdem bestand Madame darauf, sich in einen großen Umhang zu hüllen und durch die Pfützen zum Saal zu gehen.

Wie erwartet waren die Türen geschlossen. Die königliche Sitzung wurde für den Beginn der folgenden Woche anberaumt. Überall wimmelte es von Wachen, aus dem Saal drang Hämmern. Die Deputierten standen grüppchenweise im Regen und sprachen entrüstet über die neue Situation. Die meisten hatten soeben erst davon erfahren.

Doktor Guillotin ging mit ausgestreckten Armen durch die Menge und trieb sie mit freundlichen Worten zusammen.

»Kommen Sie, meine Herren«, sagte er, »wir werden unsere Versammlung im Ballhaus abhalten.«

»Im Ballhaus?«

»Ja. In der Rue St. François. Kommen Sie.«

Die Deputierten, die mittlerweile fast bis auf die Haut nass waren, machten sich in Zweier- und Dreiergruppen auf den Weg. Madame und ich begleiteten sie. Es waren nur ein paar Schritte bis zum königlichen Ballhaus, einem hohen, kahlen Gebäude, in dem sonst vornehme Ballspiele stattfanden, zum Zeitvertreib der Höflinge. Glücklicherweise gab es eine Galerie für die Zuschauer. Schnell wurden Stühle und Bänke für die Deputierten herangeschafft. Als Rednerpult stand lediglich ein Tisch zur Verfügung.

Die Reden aber hatten es in sich. Keiner redete lange, alle beschränkten sich auf das Wesentliche. Die Atmosphäre war spannungsgeladen. Dieses Mal, das spürte jeder, würde etwas geschehen. Niemand dachte mehr daran, dass dies eigentlich ein Haus für Ballspiele war. Nicht auf das Gebäude kam es an, sondern auf die Männer, die sich hier versammelt hatten. Ich war an diesem Morgen viel zu aufgeregt, um zeichnen zu können, aber auch ohne Skizzenbuch werde ich die Szene nie vergessen. Ich sehe immer noch den Präsidenten der Versammlung vor mir, wie er auf dem Tisch stand, höre immer noch, wie er den berühmten Schwur sprach:

»Die Nationalversammlung hat beschlossen – in der Erwägung, dass angesichts ihres Auftrags, die Verfassung des Reiches festzulegen, die öffentliche Ordnung wiederherzustellen und die wahren Grundsätze der Monarchie aufrechtzuerhalten, nichts sie hindern kann, ihre Beratungen fortzusetzen und das bedeutende Werk zu vollbringen, zu dem sie sich versammelt hat, wo auch immer sie gezwungen sein mag zu tagen ...«

Er wurde von donnerndem Applaus unterbrochen, dann fuhr er fort:

»... ferner, dass überall dort, wo ihre Mitglieder sich versammeln, die Nationalversammlung ist, dass alle ihre Mitglieder auf der Stelle den Eid leisten, sich niemals zu trennen ...«

Wieder wurde er vom lauten Beifall der Deputierten und dem Jubel der Menge auf der Galerie unterbrochen.

»... so lange, bis die Verfassung des Reiches und die Sanierung der allgemeinen Lage erreicht und auf feste Grundlagen gestellt worden sind ...«

Nur einer der Deputierten weigerte sich, diesen Schwur abzulegen. Um zu demonstrieren, dass jeder das Recht auf eine eigene Meinung hatte, gestattete man ihm, das Dokument mit einem entsprechenden Vermerk zu versehen.

Das feuchte Wetter, das über das Wochenende anhielt, machte es für Pauline schwer, sich mit mir zu treffen. Schreiben konnte ich ihr nicht, weil ihre Tante, wie sie mir warnend gesagt hatte, alle ihre Briefe las. Erst am Montag, dem Tag vor der königlichen Sitzung, gelang es ihr, sich mit mir in einer der Grotten zu treffen.

Natürlich gab es auch für uns nur ein Thema: die von Stunde zu Stunde ernster werdende Lage.

»Der König und seine Berater haben bis in die Nacht hinein diskutiert«, erzählte Pauline. »Necker hat den König aufgefordert, maßvoll zu sein. Die Königin und seine Brüder möchten Necker loswerden. Sie wollen einen anderen zum Finanzminister machen und den Bürgerlichen gegenüber eine harte Linie vertreten …«

»Was wird er tun?«

»Da wagt selbst mein Onkel keine Prognose. Der König ist so wankelmütig.«

»Sieht ganz so aus, als würden die Vertreter der harten Linie den Takt vorgeben«, sagte ich grimmig. »Allen voran der Comte d'Artois!«

Er galt als entschlossenstes Mitglied der königlichen Familie und hatte sich das Ballhaus reservieren lassen, um die Bürgerlichen an weiteren Sitzungen zu hindern.

Ungeachtet aller Rückschläge konnte unsere Seite aber auch einen großen Erfolg verzeichnen: Die Hälfte der geistlichen Deputierten hatte sich den Bürgerlichen angeschlossen. Unter der Führung einiger Erzbischöfe würden an künftigen Sitzungen der Nationalversammlung einhundertundfünfzig Priester teilnehmen, unter ihnen auch Vater Gamain.

»Ich würde alles darum geben, wenn ich morgen dabei sein könnte«, sagte Pauline.

»Das werden Sie nicht können«, sagte ich. »Dieses Mal ist die Öffentlichkeit von der königlichen Sitzung ausgeschlossen. Wieder so ein Trick. Sie wollen verhindern, dass das Volk den Deputierten zujubelt, und haben sämtliche Zuschauerplätze von der Galerie entfernen lassen.«

»Ich weiß.«

»Madame ist fuchsteufelswild! Sie sagt, es sei, als würde man den letzten Akt eines Theaterstücks verpassen.« Ich feixte. »Sie hat mich sogar gefragt, ob sie sich nicht unbemerkt in irgendeiner Ecke verkriechen könne. Stellen Sie sich das vor – Madame und unbemerkt!«

Auch Pauline musste lachen, dann sagte sie: »Könnten Sie das nicht tun?«

»Was?«

»Sich irgendwie in den Saal schleichen.«

Ich starrte sie an. Keine schlechte Idee. Was Madame nicht konnte, mir würde es vielleicht gelingen. Das Gebäude war mir mittlerweile vertraut, ich kannte die Türen, die Treppen, die Winkel hinter den Säulen, in die ich mich manchmal zurückgezogen hatte, um die Redner ungestört zeichnen zu können. Madame wäre zweifellos entzückt, wenn ich ihr frische Eindrücke einer Zeremonie bringen könnte, von der wir ausgeschlossen waren.

»Die Türen werden von Soldaten bewacht«, warf ich ein.

»Kennen Sie einen Soldaten, der genug Sold erhält?«

»Sie meinen, ich solle einen Soldaten bestechen, damit er mich durchlässt?«

»Sie nicht, aber ich.«

»Warum Sie und nicht ich?«

Sie lachte. »Weil ich erstens ein Mädchen bin und zweitens eine Adelige, zumindest sehe ich wohl so aus. Sie hingegen sind beides nicht. Wenn wir aber zusammen hingehen, ich als junge Dame und Sie als meine Begleitung, werden wir möglicherweise eingelassen.«

Ich sah ein, dass sie Recht hatte. Der Ausschluss der Öffentlichkeit richtete sich ausschließlich gegen das Bürgertum und seine Anhänger. Keiner würde etwas dabei finden, wenn eine Hand voll ›richtiger Menschen‹ an den Türstehern vorbeischlüpfte und von der Galerie aus zusah.

Jedenfalls war es einen Versuch wert. Pauline musste es nur schaffen, sich für eine oder zwei Stunden von Angélique und der Marquise zu entfernen.

Am Dienstag regnete es wieder. Versailles wirkte hässlich. Als wir beim Frühstück saßen, drang von draußen der Lärm marschierender Soldaten herein.

»Sie versuchen, uns Angst einzujagen«, sagte Monsieur Legrand verächtlich. An der Art, wie er sich über die Lippen leckte, konnte ich aber erkennen, dass er nervös war.

Ich klemmte mir meinen Skizzenblock unter den Arm und verließ das Zimmer, während Madame den Deputierten für die bevorstehende Sitzung die besten Wünsche – und letzte Anweisungen – mit auf den Weg gab. Ein Jammer, dachte ich, dass in der Nationalversammlung keine Frauen vertreten waren.

Vor dem großen Saal standen Hunderte von Deputierten und warteten darauf, eingelassen zu werden. Man ließ sie einfach im Regen stehen. Seit jenem kühlen Empfang am ersten Tag, von dem uns Monsieur Legrand erzählt hatte, gab sich der Zeremonienmeister alle Mühe, so zu tun, als gäbe es den dritten Stand überhaupt nicht.

Auf dem Platz ging es zu wie auf einem Exerzierplatz. Überall standen Soldaten, Reiter sprengten hin und her, Befehle ertönten. Unter den weißen Uniformen der französischen Regimenter entdeckte ich die roten Röcke der Schweizer Garde. Was ich sah, gefiel mir nicht.

Wir hatten am Samstag im Ballhaus viele mutige Worte gehört, aber was konnten mutige Worte gegen Kugeln ausrichten?

Ich stand mit einigen anderen in einem Torbogen, den ich mit Pauline als Treffpunkt vereinbart hatte. Nach wenigen Minuten kam sie. Eine Kapuze umrahmte ihr Gesicht, ihre Augen strahlten vor Vergnügen und Erregung.

»Sie haben es also geschafft?«, sagte ich.

»Ja. Es war gar nicht so schwer.«

»Und wenn sie nachher Fragen stellen …«

Sie zuckte mit den Schultern.

In diesem Augenblick wurde das Hauptportal des Saals geöffnet. Die Deputierten drängten sich von allen Seiten heran. Das Volk rief ihnen aufmunternde Worte zu. Einige versuchten, in den Saal zu gelangen, wurden aber von den Soldaten zurückgedrängt. Es gab ein großes Geschiebe, Stimmen schwirrten durcheinander, Ausweise wurden umständlich geprüft, hier und da wurden lautstarke Auseinandersetzungen geführt.

In dem allgemeinen Getümmel gelang es Pauline und mir, unbemerkt zu einem der Seiteneingänge zu gehen, den ich kannte. Wie zu erwarten, stand dort ein Soldat, der uns den Zugang verwehrte.

»Kein Zutritt, Mademoiselle!«

Glücklicherweise war der Soldat Franzose und nicht Schweizer. Pauline ließ ihren Charme spielen. So hatte ich sie noch nie erlebt. Es war äußerst lehrreich. Ihr

Charme und der Vorschlag, auf die Gesundheit Seiner Majestät zu trinken – sie hielt ihm einen Louisdor unter die Nase –, waren zu viel für ihn. Er wurde schwach.

Pauline sagte: »Wenn du niemanden hineingehen siehst, kann dir keiner einen Vorwurf machen, oder? Und wenn du das da auf dem Boden liegen siehst, wer will es dir verübeln, dass du dich bückst, um es aufzuheben?«

Sie warf die Münze ein paar Meter weit weg auf den Boden. Grinsend verließ der Soldat seinen Posten und bückte sich, um die Münze aufzuheben. Als er sich wieder aufrichtete, waren wir verschwunden.

Alles ging genauso glatt, wie Pauline es prophezeit hatte. Warum sich wegen der Vorschriften den Kopf zerbrechen? Welche Gefahr konnte schon von einer jungen Dame wie dieser Mademoiselle ausgehen? War es nicht verständlich, dass sie sich auf die Galerie schleichen wollte, um einen Blick auf ihren geliebten König in all seiner Pracht und Herrlichkeit zu werfen? Und der junge Mann in ihrer Begleitung – Freund, Diener oder wer immer er sein mochte? Nun, brauchte ein anständiges Mädchen nicht eine Begleitung?

Wir hatten es geschafft. Glücklicherweise kannte ich das Gebäude mittlerweile gut. Wir schlichen uns eine verlassene Treppe hinauf und drückten uns in einen Winkel hinter einer Säule. Der Saal unter uns füllte sich langsam. Ein unaufhörliches Summen drang zu uns hinauf. Dann plötzlich ertönten Fanfarenstöße und das Summen verstummte.

Wir blickten vorsichtig über die Brüstung und sahen, wie der König eintraf.

»Was halten Sie davon?«, flüsterte Pauline während der Rede des Königs immer wieder. »Das hört sich doch vernünftig an, oder?«

Ich wusste beim besten Willen nicht, was ich darauf antworten sollte. Woher sollte ich wissen, wie ernst diese Versprechungen gemeint waren?

Der König versprach, die Leibeigenschaft abzuschaffen und die Jagdrechte der Adeligen einzuschränken. Außerdem könne man über die Freiheit der Presse sprechen – als zu erwägende Möglichkeit. Er denke ferner darüber nach, ob man die *lettres de cachet* abschaffen solle …

Ich hielt Ausschau nach Mirabeau und anderen führenden Persönlichkeiten, um zu sehen, was sie von diesen Versprechungen hielten. Aber in der großen Menge war es schwierig, ihre Gesichter zu entdecken.

Der König forderte die drei Stände sogar auf, zu gemeinsamen Sitzungen zusammenzukommen. An diesem Punkt lief ein triumphierendes Murmeln durch die Reihen der Deputierten. Und die Stimme jedes Deputierten sollte einzeln zählen.

»Das ist doch ein großer Erfolg«, flüsterte ich Pauline ins Ohr. »Er hat in der Hauptsache nachgegeben. Jetzt ist alles möglich.«

Aber ich hatte mich zu früh gefreut.

Außer, so fuhr der König fort, bei allen Entscheidungen, die die Privilegien des Klerus und des Adels betrafen.

Dieses Mal grinsten die Adeligen und warfen sich triumphierende Blicke zu. Mirabeaus Gesicht lief vor Wut dunkelrot an.

»Und gegen alle Beschlüsse, Messieurs, kann mit einer Zweidrittelmehrheit innerhalb eines Standes ein Veto eingelegt werden.«

Es war, als würde sich in dem riesigen Saal ein Sturm erheben. Mit einem Schlag war allen der Sinn der Rede des Königs klar geworden. Er hatte mit einer Hand gegeben und mit der anderen wieder genommen. Er hatte von Reformen gesprochen, hatte gesagt, dass er etwas zulassen werde, das wie eine Nationalversammlung *aussah.* Auf der anderen Seite aber konnten zweihundert Adelige die gesamte Nationalversammlung lahm legen.

»Messieurs«, endete der König, »Sie haben unsere Ansichten vernommen. Wenn Sie sich, was uns Leid täte, entschließen sollten, uns in unseren Bemühungen nicht zu unterstützen, werden wir unsererseits alle Maßnahmen ergreifen, die wir zum Wohle des Volkes für angemessen halten, als dessen alleiniger, rechtmäßiger Vertreter wir uns betrachten.«

Er trat vom Podium und verließ, gefolgt von einer langen Reihe von Höflingen, den Saal. Ein großer Teil des Klerus und fast alle Adeligen folgten ihm.

Pauline flüsterte: »Und was geschieht jetzt?«

»Das mag der Himmel wissen! Haben Sie verstanden, was der König mit seiner Rede sagen wollte?«

»Es hört sich so an, als dürften sie beschließen, was sie wollen, Hauptsache, es ist dem König genehm. Und egal, ob sie Beschlüsse in seinem Sinne fällen oder nicht, der König tut ohnehin, was er will.«

»So ist es«, sagte ich grimmig.

»Ich verstehe nur nicht, warum man all diese Männer über Hunderte von Meilen hat anreisen lassen, um ihnen dann nach zwei Monaten so etwas mitzuteilen.«

»Ich auch nicht. Und so, wie es aussieht, verstehen sie selbst das ebenso wenig.«

Mirabeau war auf die Bühne gesprungen, im Saal wurde es still. Ich erinnerte mich an das, was ich über ihn gehört hatte, und erwartete, dass er die Wut der Menschen noch anstacheln werde. Aber er war erstaunlich gemäßigt. Er kam mir vor wie ein geschickter Steuermann, der an das verwaiste Steuer eines in Seenot geratenen Schiffes trat.

Als Mirabeau zu sprechen begann, kam eine elegante Gestalt den Mittelgang hinunter. Es war de Brézé, der Zeremonienmeister. Mirabeau unterbrach seine Rede, als de Brézé stehen blieb, den Stab in der Hand, eine förmliche Haltung einnahm und verkündete: »Messieurs, Sie haben die Rede des Königs vernommen!«

Mit diesen Worten war die Sitzung offiziell beendet. De Brézé sah sich herablassend um, als erwarte er, dass sich alle Mitglieder der Nationalversammlung unverzüglich erhöben und gehorsam den Saal verließen.

Keiner rührte sich.

De Brézé schaute sich noch einmal um, sein Gesicht war bleich. In diesem Augenblick meldete sich Mirabeau, die ›Fackel der Provence‹, lautstark zu Wort: »Ja, mein Herr, wir haben vernommen, welche Politik man dem König empfohlen hat. Es ist nicht an Ihnen, uns an seine Rede zu erinnern. Sie haben weder Platz noch Stimme, noch Rederecht in dieser Versammlung.« Einen Moment lang herrschte gespannte Stille. Mirabeau und de Brézé starrten sich an wie zwei Fechter. Dann fuhr Mirabeau fort: »Sollten Sie den Auftrag haben, uns hier herauszuschaffen, dann kann ich Ihnen nur empfehlen, sich einen Befehl zur Anwendung von Gewalt zu besorgen. Denn nur mit dem Bajonett werden Sie uns von hier vertreiben können.«

11 *Eine Nachricht für Mademoiselle*

»Kommen Sie«, sagte ich, »ich bringe Sie hier heraus.«

»Aber Pierre ...«

»Wenn erst einmal die Bajonette gezückt werden, können leicht auch Kugeln herumfliegen.«

»Meinen Sie ...«

»Komm endlich!«

Zum ersten Mal übernahm ich die Initiative und vergaß die Klassenunterschiede zwischen uns. Ich scheuchte sie von der Galerie herunter, als wäre sie meine Schwester. Pauline schien das nichts auszumachen.

Wir verließen das Gebäude durch die Tür, durch die wir gekommen waren. Der Soldat winkte uns freundlich zu. Wir mischten uns unter die Menge vor dem Saal und warteten darauf, was passieren würde. Nichts geschah. Die Soldaten standen gähnend und über den Regen fluchend in Reih und Glied. Offiziere ritten wichtigtuerisch an den Reihen entlang, Boten kamen und gingen. Als sich eine Einheit nach der anderen in Marschordnung formierte und den Platz verließ, wurde langsam klar, dass nichts Ungewöhnliches passieren würde.

»Ich muss gehen«, sagte Pauline. »Ich bin schon seit Stunden weg. Ich hoffe nur, sie stellen nicht zu viele Fragen.«

»Sehen wir uns heute Abend?«

»Zu riskant, Pierre. Vielleicht schaffe ich es morgen früh.«

»Wieder in der Grotte?«

»Ja.«

Erst als ich wieder im Hotel war und Madame berichtete, was ich erlebt hatte, fiel mir auf, dass ich keinen einzigen Strich gezeichnet hatte. In meiner Aufregung hatte ich überhaupt nicht daran gedacht.

Als Monsieur Legrand und die anderen Deputierten zum Essen kamen, breitete sich im Hotel eine festliche Atmosphäre aus. Es war, als feierten wir einen Sieg. Mirabeau hatte die königliche Drohgebärde in aller Öffentlichkeit als Täuschungsmanöver entlarvt. Der König würde es nicht wagen, Bajonette einzusetzen. Als man ihm mitgeteilt hatte, dass die Deputierten sich weigerten, den Saal zu verlassen, hatte er nur gesagt: »Na gut, dann lasst sie bleiben.«

Die nächsten Tage verbrachten wir in permanenter Hochstimmung. Alles schien sich in unserem Sinne zu entwickeln. Am Mittwoch schlossen sich weitere Geistliche der Nationalversammlung an. Am Donnerstag folgten fünfzig Adelige ihrem Vorbild. Am Freitag kamen weitere Deputierte beider Stände hinzu. Am Samstag befahl der König den übrig gebliebenen Deputierten des Klerus und des Adels, sich ebenfalls der Nationalversammlung anzuschließen.

»Wir haben gewonnen!«, verkündete Monsieur Legrand beim Essen. »Unser Sieg ist vollständig.«

Madame aber beurteilte die Situation etwas skeptischer: »Bis jetzt haben Sie noch gar nichts erreicht. Sie haben lediglich den Boden vorbereitet, auf dem Maßnahmen möglich sind.«

»Wir haben den wichtigen Grundsatz verteidigt, dass …«

»Sie haben dem Volk nicht einen einzigen Laib Brot zusätzlich verschafft«, unterbrach ihn Madame grob. »Und das ist es, was das Volk will, mehr als jede Verfassung. Sie essen bereits die Spelzen, ja sogar Gras, um ihre Mägen zu füllen. Viel Zeit bleibt Ihnen nicht, mein Freund.«

Die nächste Woche und die darauf folgende verliefen merkwürdig ereignislos.

Die Krise war vorüber. Wenn man jung ist, wie ich es damals war, erlahmt irgendwann das Interesse an Politik. Madame und Monsieur Legrand und die anderen Deputierten hockten bis in die Nacht hinein um den Tisch und diskutierten. Es ging um Debatten und Resolutionen, Tagesordnungen und Komitees, Mandate und Manifeste. Jung, wie ich war, hatte ich keine Ahnung, wie lange es dauert, die politische Struktur eines Landes zu verändern.

Versailles hätte mich vermutlich gelangweilt und ich hätte sicher den Wunsch gehabt, nach Hause zurückzukehren oder nach Paris zu gehen, wäre da nicht Pauline gewesen. Die Morsacs lebten am Hof und machten keine Anstalten zurückzukehren. Das ausgelassene Leben am Hofe ging weiter – Kartenspiele, Hirschjagden und Kutschfahrten, Picknicks und Bootsfahrten auf dem See. Die Marquise und Angélique genossen das höfische Leben in vollen Zügen. Da Pauline erheblich weniger Einladungen erhielt, konnten wir uns fast jeden Tag treffen.

Wir hatten mehrere Lieblingstreffpunkte. Uns immer am selben Ort zu treffen, wäre zu gefährlich gewesen. Wir hatten unseren Lieblingsbrunnen, unsere Grotte für Regenwetter, unser Stück Uferpromenade am *Grand Canal.* Außerdem hatten wir, da Pauline ihre Verabredungen nicht immer einhalten konnte, ein Versteck für Nachrichten in der Orangerie – einen Spalt zwischen zwei Ornamentsteinen.

Dann kam der Tag, an dem Pauline nicht zu unserem Treffen am Brunnen erschien. Ich wartete eine halbe Stunde, dann ging ich zur Orangerie, fand aber keine Nachricht.

Ich war natürlich enttäuscht, dachte mir aber nicht viel dabei, weil Pauline ja von der Gnade ihrer Tante und ihres Onkels abhing. Vielleicht war ihr in letzter Sekunde etwas dazwischengekommen.

Nach dem Essen ging ich erneut zur Orangerie. Immer noch kein Brief. Wahrscheinlich hatten sie überraschend einen Ausflug gemacht, und Pauline hatte keine Gelegenheit mehr gefunden, mir eine Nachricht zu hinterlassen. Sicher würde sie mir morgen alles erklären können. Einen Treffpunkt und eine Uhrzeit hatten wir bereits ausgemacht.

Ich frühstückte hastig und eilte zu den Schlossgärten. Madame ließ mich gewähren. Sie wusste, dass ich mich häufig mit Pauline traf, stellte aber keine Fragen. Sie behandelte mich schon lange nicht mehr wie einen Diener. War ich zuerst ihr Schüler gewesen, so war ich mittlerweile eine Art Sohn geworden, und so ließ sie es zu, dass ich auf eigene Faust Dinge unternahm. Sie selbst saß den ganzen Tag über im besten Sessel des *Hôtel du Renard* und konnte sich über Mangel an Unterhaltung und Gesellschaft nicht beklagen.

Wieder war keine Nachricht in unserem Versteck, obwohl ich meine Hand so tief zwischen die beiden Steine schob, dass ich mir die Knöchel aufschürfte.

Sei nicht so ungeduldig, ermahnte ich mich. Es ist noch früh. Wahrscheinlich waren sie gestern den ganzen Tag unterwegs, sind spät zurückgekommen und haben lange geschlafen. Schließlich kann sie sich erst wegschleichen, wenn die anderen das Haus verlassen haben, um ihre Verabredungen wahrzunehmen.

Ich machte einen langen Spaziergang durch die Gärten und besuchte alle unsere Lieblingstreffpunkte. Man konnte ja nie wissen. Dann ging ich zurück.

Immer noch kein Brief.

»Was ist los?«, schrieb ich auf ein Stück Papier, das ich aus meinem Skizzenbuch gerissen hatte. »Bitte hinterlass mir, sobald du kannst, eine Nachricht mit Treffpunkt und Uhrzeit. Ich werde dort sein.«

Am späten Nachmittag ging ich wieder zur Orangerie. Meine Fingerspitzen berührten ein Stück Papier, das von der Feuchtigkeit des Steins bereits ein wenig aufgeweicht war. Aufgeregt zog ich es heraus. Es war natürlich das Stück Papier aus meinem Skizzenbuch, auf das ich meine Nachricht gekritzelt hatte. Ich schaute es mir genau an, für den Fall, dass sie es benutzt hatte, um mir eine Antwort zu hinterlassen. Aber alles, was ich sah, war meine eigene Handschrift. Ich legte den Zettel wieder zurück.

In dieser Nacht gingen mir die schlimmsten Befürchtungen durch den Kopf.

Ich dachte an Pocken, hatte Angst, dass ich sie niemals wieder sehen würde, und wenn doch, dann so verändert, dass ich ihr verstümmeltes Gesicht kaum wieder erkennen würde. So etwas war nicht selten. Ob in einem

Palast oder in der armseligsten Hütte, die Pocken konnten überall auftreten.

Vielleicht hatte sie aber auch einen anderen Jungen kennen gelernt, einen, der ihr besser gefiel als ich, einen aus ihrer gesellschaftlichen Klasse. Oder einen Mann, der sie bewunderte, der ihr Komplimente machte, der sie mit seinem Charme und seinem Witz und seiner Eleganz beeindruckte. Auch so etwas war nicht selten. Versailles war genau der richtige Ort für solche Dinge.

Ich ermahnte mich, vernünftig zu sein. Vielleicht hatte sie ja nur eine Erkältung oder ihre Tante setzte sie irgendwie unter Druck. Pauline musste wissen, dass ich mir Gedanken machte. Sie würde sicher die erstbeste Gelegenheit ergreifen, um sich aus dem Haus zu schleichen und mir in der Orangerie eine Nachricht zu hinterlassen. Bestimmt würde ich morgen einen Brief von ihr vorfinden.

Ich fand keinen.

Wieder streifte ich voller Sorgen durch die Gärten. Immer wenn ich in einen neuen Weg einbog, stellte ich mir vor, dass sie mir dort entgegenkam. Ich wanderte alle unsere alten Spazierwege entlang. Nach und nach wurde ich dreister und spazierte unter den Fenstern des Flügels auf und ab, in dem, wie ich wusste, die Morsacs untergebracht waren. Ich hatte nicht die Hoffnung, sie zu sehen, dachte aber, dass vielleicht sie mich sehen könnte und mir irgendwie eine Nachricht zukommen lassen würde.

Natürlich bestand die Gefahr, dass mich einer der Morsacs entdeckte, ich hielt es aber für unwahrscheinlich, dass sie mich inmitten des konstanten Stroms von

Menschen, die dort flanierten, erkannten. Schließlich wussten sie ja nicht, dass ich ebenfalls in Versailles war. Außerdem konnte ich gar nicht anders, ich musste das Risiko eingehen. Ich war inzwischen so sehr in Sorge, dass ich noch viel größere Risiken einzugehen bereit war.

Diese Unsicherheit konnte ich jedenfalls nicht länger ertragen.

Ich musste einfach wissen, ob Pauline krank war oder sich in Schwierigkeiten befand oder ob sie, aus welchen Gründen auch immer, beschlossen hatte, unsere ›ewige Freundschaft‹ ohne ein Wort der Erklärung zu beenden. Da unsere geheime Post über die Orangerie nicht funktionierte und ich ihr nicht einfach einen Brief ins Schloss schicken konnte, blieb mir nur eine Möglichkeit: Ich musste ins Schloss gehen, um sie zu sehen oder um herauszufinden, was mit ihr los war.

Ins Schloss zu kommen war kein Problem.

Das war das Merkwürdige an Versailles: Ungeachtet der geheiligten Majestät des Königs konnte man das Schloss genauso ungehindert betreten, wie man durch die Gärten flanieren oder über die Straßen spazieren konnte. Bei den Hunderten von höfischen Beamten mit ihren Familien und Bediensteten, die im Schloss ein und aus gingen, war eine Sicherheitskontrolle an den Eingängen einfach unmöglich. Außerdem hatten die Händler von Versailles einen riesigen Raum zugewiesen bekommen, in dem sie eine Art Markt für die Schlossbewohner abhielten. Das war verständlich. Kaum verständlich aber war, dass selbst der Esssaal des Königs, ja sogar seine Schlafgemächer allen Neugierigen offen standen, vorausgesetzt, der König selbst hielt sich dort gerade nicht auf. Kein Wunder, dass der arme Mann hin und wieder in einem der über die Gärten verteilten kleineren Schlösser Zuflucht suchte.

Natürlich wurde er auf Schritt und Tritt bestens bewacht. Im Schloss wimmelte es von den Rotröcken der Schweizer Garde. Ihre Aufgabe war es, jeden zu entfernen, der schmutzig oder zerlumpt aussah oder Anzeichen der Pockenkrankheit zeigte. Trotzdem konnten viele Menschen, denen niemals erlaubt worden wäre, auch nur die Zugbrücke von Morsac zu betreten, im Palast des Königs ein und aus gehen, ohne angehalten zu werden.

Mir war klar, dass es nicht einfach sein würde, unter den vielen Gästewohnungen im ersten Stock diejenige zu finden, in der Pauline untergebracht war, und Informationen über sie zu erhalten, ohne jemandem in die Arme zu laufen, der mich kannte.

Ich zermarterte mir gerade das Gehirn, wie ich es am besten anstellen könnte, als Madame mein Problem per Zufall löste.

Zwei Tage zuvor war Vater Gamain zum Essen bei uns gewesen. Madame war bei dieser Gelegenheit aufgefallen, dass seine Soutane an einigen Stellen dringend geflickt werden musste. Sie hatte darauf bestanden, dass er sie am nächsten Morgen vorbeibringen solle, damit sie sie eigenhändig nähen konnte. Jetzt, beim Abendessen, als ich gerade über meinen kühnen Plan nachgrübelte, sagte Madame: »Pierre, ich möchte, dass du heute Nachmittag eine kleine Aufgabe für mich erledigst.«

»Madame?« Ich schaute missmutig auf. Sie hatte sich den denkbar schlechtesten Zeitpunkt für ihren Auftrag ausgesucht.

»Ich habe Vater Gamains Soutane geflickt. Ich möchte, dass du sie ihm ins Priorat bringst.«

»Selbstverständlich, Madame.« Ich konnte nicht verhindern, dass meine Stimme mürrisch klang. Madame warf mir über den Tisch hinweg einen erstaunten Blick zu. Aber sie war eine kluge alte Dame. Sie wusste, wann man die Peitsche knallen und wann man die Dinge laufen lassen musste.

Als ich dann mit der Soutane auf dem Arm in Richtung Schloss unterwegs war, kam mir eine glänzende Idee.

Es gab eine Gruppe von Menschen, die nirgends auffiel und nie angehalten wurde: die Priester. Das Schloss wimmelte zu allen Tageszeiten von Priestern und anderen Geistlichen. Allein in der Nationalversammlung saßen dreihundert Vertreter des Klerus. Dazu kam, dass alle Adeligen, die sich hier aufhielten, ihre eigenen Kapläne mitgebracht hatten, sodass Soutanen ein ebenso vertrauter Anblick waren wie Uniformen.

Da ich für einen Priester natürlich zu jung war, würde ich mir einen breitrandigen schwarzen Hut besorgen, den ich mir so weit in die Stirn ziehen wollte, dass man mein Gesicht nicht sehen konnte. Sollte man mich trotzdem genauer mustern und Fragen stellen, wollte ich sagen, dass ich Student war und mich auf das Priestertum vorbereitete.

Blieb noch meine Stimme, die mich hätte verraten können, wenn mich einer der Morsacs hörte. Um dieser Gefahr aus dem Wege zu gehen, nahm ich einen Zettel, faltete ihn wie einen Brief und schrieb Paulines Namen darauf. Diesen Zettel wollte ich herumzeigen, um Paulines Aufenthaltsort ausfindig zu machen.

Eine viertel Stunde später stolzierte ich in das Schloss und versuchte, mich so zu bewegen, dass man mir meine jugendliche Ungeduld nicht anmerkte. Dazu hielt ich meine Hände gefaltet und meinen Kopf gesenkt, um die Leute glauben zu machen, dass ich mit hoch geistigen Dingen beschäftigt war.

Ich brauchte eine Zeit lang, bis ich die Unterkunft der Morsacs ausfindig gemacht hatte. Das Schloss von Versailles war ein ebensolches Labyrinth wie der Palais des Tuileries, allerdings ein elegantes, das nichts von der Schäbigkeit des ehemaligen königlichen Palastes hatte, und die Bewohner dieses Labyrinths waren die elegantesten Europas.

Zur Zeit war das Schloss allerdings genauso übervölkert wie die Tuilerien und da viele Räume einfach ohne Korridor ineinander übergingen, war meine Suche nicht gerade einfach. Mein Zettel und der Respekt, den man meiner Robe entgegenbrachte, halfen allerdings. Man reichte mich von Suite zu Suite weiter, bis ich endlich mit klopfendem Herzen die vertraute Livree der Morsacs entdeckte, die ein vor einer Tür lümmelnder Bediensteter trug.

Glücklicherweise hatte ich diesen Diener nie zuvor gesehen. Ich wusste, dass ein Großteil der Bediensteten der Familie Morsac woanders untergebracht war, sodass die Gefahr, jemandem über den Weg zu laufen, der mich kannte, relativ gering war. Die größte Gefahr ging von den Familienmitgliedern aus. In dieser Hinsicht wurde ich allerdings bald beruhigt.

»Monsieur le Marquis ist ausgegangen, Madame und Mademoiselle ebenfalls.« Der Diener warf einen Blick auf meinen Zettel. »Ah, Monsieur wünschen Mademoiselle Pauline zu sprechen.«

Ich sprach nicht mehr als unbedingt nötig, und wenn ich etwas sagen musste, gab ich meiner Stimme einen mürrischen Ton. »Ist sie ebenfalls ausgegangen?«

»Nein, Monsieur. Sie ... befindet sich auf ihrem Zimmer.«

Der merkwürdige Ton, in dem er das sagte, gefiel mir ganz und gar nicht.

»Ist sie unpässlich?«

»Nein, Monsieur.« Bevor ich es verhindern konnte, nahm er mir den Zettel ab. Macht nichts, dachte ich, Pauline wird meine Handschrift erkennen, auch wenn auf dem Zettel nichts weiter als ihr Name steht. Meine Stimmung hob sich. Ich sagte: »Ich werde hier warten.«

Er machte ein sorgenvolles Gesicht. »Ich fürchte, das wird nicht gehen. Alle Nachrichten müssen zuerst Monsieur le Marquis vorgelegt werden – oder Madame. Beide sind aber im Augenblick nicht hier. So lauten meine Anweisungen, Monsieur.«

Mein Unternehmen schien hoffnungslos. Ich hatte es offenbar mit einem jener sturen Lakaien zu tun, die allen Anweisungen auf den Buchstaben genau Folge zu leisten pflegen und keinerlei Abweichungen dulden.

Wenige Augenblicke später stellte sich allerdings heraus, dass genau dies mein Glück war. Die Anweisung lautete, dass Mademoiselle Pauline unter keinen Umständen ihr Zimmer verlassen durfte und dass alle Nachrichten ihrem Onkel oder ihrer Tante zu übergeben waren. Besuche zu verbieten war dem Marquis nicht eingefallen. Er wollte wohl unnötigen Tratsch in seinem Freundeskreis verhindern. Außerdem hatte er sicher nicht im Traum daran gedacht, dass ich die Stirn haben könnte, an seine Tür zu klopfen.

Und so kam es, dass der sturköpfige Diener, der in mir nichts anderes als einen jungen Geistlichen sah, sagte: »Wenn Monsieur Mademoiselle in ihrem Zimmer aufsuchen wollen ...«

Wollte ich?

Plötzlich war alles unglaublich einfach. Ich ging zehn Schritte durch einen Vorraum, klopfte an eine Tür – und sah Pauline vor mir, die mich mit großen Augen ungläubig anstarrte.

Da ich etwas sagen musste, bevor der Lakai das Zimmer verließ und die Tür hinter sich schloss, murmelte ich: »Pax vobiscum!« Ich hoffte inständig, dass es einigermaßen glaubwürdig klang.

12 *Lettre de Cachet*

»Pierre!« Pauline bog sich vor Lachen. »Es tut mir Leid, aber – du siehst so ulkig aus.«

Ich zog den geborgten Hut vom Kopf. Ob das Jungengesicht, das da aus der Soutane ragte, jetzt weniger ulkig aussah? Ich weiß es nicht. Sie kam um den Tisch herum und ergriff meine Hände. »O Pierre, ich freue mich so!«

»Was ist passiert?«

»Sie sind dahinter gekommen, dass wir uns getroffen haben. Mein Onkel kocht vor Wut. Ich darf das Haus nicht mehr verlassen.«

»So etwas Ähnliches habe ich mir schon gedacht.«

»Hat der Diener was erzählt? Die Dienerschaft soll es eigentlich nicht wissen, aber sie machen sich natürlich ihre Gedanken. Setz dich.«

»Meinst du, das geht?«

»Der Onkel ist mit dem Comte d'Artois verabredet. Die anderen sind nach Sèvres gefahren, um die Porzellanmanufakturen zu besichtigen. Ich durfte nicht mit, als Strafe.« Sie verzog ihr Gesicht zu einer Grimasse. Jetzt musste ich lachen. »O Pierre, ich habe mich ja so fürchterlich danebenbenommen. Ich habe es gewagt, mich mit einem jungen Mann in der Öffentlichkeit zu zeigen, der nicht meiner Klasse angehört. Dazu noch mit einem, mit dem mir der Onkel ausdrücklich und für alle Zeit jeden Umgang verboten hat.«

Sie sagte das so leichthin, ihre Augen verrieten aber, dass sie während der letzten zwei Tage viel geweint hatte.

»Sie können dich doch nicht für immer und ewig wie eine Gefangene halten«, sagte ich.

»Nein, natürlich nicht. Und weil mein Onkel das weiß, wird er mich nach Morsac zurückschicken.«

»Dieses Schwein!«

»Ich wäre schon unterwegs, wenn da nicht einige Vorbereitungen zu treffen wären. Meine Tante sieht nicht ein, dass sie mit mir nach Morsac zurückkehren soll, um mich zu bewachen. Und Angélique ist außer sich vor Wut, weil sie jetzt, mitten in der Saison, Versailles verlassen soll.«

»Das kann ich mir vorstellen!«

»Also mussten sie erst jemanden suchen, der auf mich aufpasst. Sie haben eine alte Gouvernante mit Augen wie ein Habicht gefunden. Außerdem haben sie beschlossen, dass sie auf ihre zweitbeste Kutsche verzichten können, und morgen schicken sie mich nach Morsac.«

»Wie kann man nur so gemein sein«, sagte ich empört.

»Na komm, mach nicht so ein Gesicht.« Sie drückte meine Hand. »Ich soll ja nur nach Morsac, nicht auf die Bastille.«

»Und was wird aus uns, wenn du in Morsac bist?«

»Wir werden den Kontakt zueinander nicht verlieren, Pierre. Wenn du wirklich willst, wird sich ein Weg finden.«

»Natürlich will ich. Wenn ich doch nur ein bisschen älter wäre …« Ich verstummte.

»Was dann? Was wolltest du sagen?«

»Ach, nichts.«

Aber das stimmte natürlich nicht. Ich hatte sagen wollen: Wenn ich doch nur ein bisschen älter wäre, könnten wir zusammen weglaufen. Andere machten das auch so, und zwar nicht nur in Geschichten, sondern auch im wirklichen Leben. Mirabeau zum Beispiel war ebenfalls mit einem Mädchen weggelaufen. Auch sein Leben hatte nicht nur aus Schriftstellerei und Politik bestanden, ganz und gar nicht!

Aber wir waren zu jung. Zumindest ich war es, denn bis jetzt hatte ich noch nicht den Beweis erbracht, dass ich meinen Lebensunterhalt als Künstler verdienen konnte. Außer dem, was ich von Madame erhielt, besaß ich keinen einzigen Sou. Ich brauchte noch ein oder zwei Jahre.

»Du machst ja immer noch so ein verzweifeltes Gesicht«, sagte Pauline.

»Manchmal kommt mir das alles hoffnungslos vor.«

»Das alles? Was meinst du damit?«

»Unser Versuch, Freunde zu sein. Zwischen uns steht der Klassenunterschied und …«

»Ach was! Es wird sich alles ändern. Die neue Verfassung, die die Nationalversammlung …« Sie brach ab. »Pierre, so kenne ich dich ja gar nicht. Du warst es doch, der gesagt hat, dass sich alles ändern wird. Dass das ganze alte System weggefegt wird. Glaubst du etwa nicht mehr daran?«

»Ich kann mir einfach nicht vorstellen, dass Männer wie dein Onkel untätig zusehen werden. Er hat seine Haltung nicht geändert, nur weil der König nachgegeben hat. Schau dir doch nur an, wie er dich behandelt.

Ganz egal, welche neuen Gesetze erlassen werden, er wird so weitermachen wie bisher. Der Leopard ändert seine Flecken nicht.«

»Aber wenn sie ihm seine Feudalrechte wegnehmen, wenn alle Menschen die gleichen Rechte erhalten, wie in Amerika, wenn die Nationalversammlung …«

»Wenn«, sagte ich bitter. »Glaubst du etwa, dein Onkel schaut Däumchen drehend zu, wie die Nationalversammlung den Staat verändert? Der König mag ja bereit sein, sein Königreich wegzugeben, aber die Adeligen werden mit Sicherheit nicht untätig bleiben. Die sind aus härterem Holz.«

»Aber was können sie denn tun?«

»Denen wird schon etwas einfallen, keine Sorge.«

Wir schauten uns schweigend an. Pauline war enttäuscht, das war nicht zu übersehen. Sie hatte mich noch nie so niedergeschlagen erlebt. Aber für mich war das Ganze ein schwerer Schlag. Der Marquis hatte von unserer Freundschaft erfahren und seine starke Position dazu benutzt, ihr ein Ende zu setzen. Wenn Pauline erst einmal wieder in Morsac war, gab es für unsere Freundschaft meiner Meinung nach keine Chance mehr.

Plötzlich hörten wir, wie sich die Außentür öffnete und jemand mit schnellen Schritten hereinkam. Dann erklang die Stimme des Marquis: »Ich werde Sie nicht lange aufhalten, mein Verehrtester. Nur ein Wort ganz privat … Nein, sie sind nach Sèvres gefahren … Außer meiner jungen Nichte ist niemand hier. Ich wollte Ihnen nur kurz das Allerneueste mitteilen, bevor wir uns mit den anderen treffen.«

Pauline legte warnend einen Finger auf die Lippen.

Ich schaute mich um und sah, dass das Zimmer nur

eine Tür hatte. Wir befanden uns zwar bloß im ersten Stock, trotzdem wäre ein Sprung aus dem Fenster wohl mit erheblichen Gefahren verbunden gewesen.

Pauline schüttelte den Kopf. Ihre Lippen bewegten sich fast lautlos. »Sie haben es eilig«, sagte sie schnell. »Sie werden schon nicht reinkommen.«

Ich konnte nur hoffen, dass sie Recht hatte. Offensichtlich waren der Marquis und sein Begleiter auf dem Weg zu einem Treffen mit anderen. Die Stimme des Marquis war leise und drängend. Sie klang, als habe er nicht viel Zeit. Wahrscheinlich waren sie an dem an der Tür postierten Diener vorbeigerauscht, ohne dass dieser Zeit gehabt hatte zu erwähnen, dass Mademoiselle Besuch von einem jungen Geistlichen hatte.

Ich schlich mich auf Zehenspitzen zur Tür. Durch das dünne Holz konnte ich jedes Wort der Unterhaltung hören.

Der andere Mann fragte gerade: »Was hat die Königin gesagt?«

»Was sie immer sagt: ›Warum setzen wir nicht Soldaten ein?‹ Manchmal«, sagte der Marquis spöttisch, »denke ich, die Königin ist der einzige Mann am Hofe.«

»Die Brüder des Königs ...«

»... haben auf jeden Fall mehr Rückgrat als der König selbst. Jedenfalls haben wir uns auf einen Plan geeinigt.«

»Und wie steht Necker dazu?«

»Unser verehrter Finanzminister meint, dass Frankreich durch Zahlenspielereien gerettet werden kann. Er hat dem König gesagt, er möge kein zu großes Vertrauen in die Armee haben. Seiner Meinung nach werden sie sich weigern, auf das eigene Volk zu schießen. Er meint, sie würden meutern, weil sie ihren Sold nicht erhalten haben. Aber so ist er eben, unser kleiner Schweizer Bankier, er kann nur an Geld denken.«

»Was soll's, auf Necker hört schon seit zwei Wochen keiner mehr.«

»In Zukunft wird man auf ihn noch viel weniger hören. Necker ist am Ende. Es ist alles geregelt, Henri. Das war es, was ich Ihnen sagen wollte. Der König wird Necker heute Nachmittag entlassen. In einer oder zwei Stunden wird er auf dem Weg zur Grenze sein.«

Der andere Mann gab einen Laut der Überraschung von sich. Auch ich konnte nur mit Mühe eine Reaktion unterdrücken.

»Das wird dem Volk nicht gefallen«, sagte der als Henri angesprochene Mann.

Der Marquis entgegnete unwillig: »Deswegen haben wir die Maßnahme für das Wochenende geplant, wenn ihre verfluchte Nationalversammlung keine Sitzung hat. Wir werden zuschlagen, bevor sie Zeit haben, Gegenmaßnahmen zu beschließen.«

»Sehr gut!«

»Versailles ist kein Problem. In Paris sieht die Sache schon anders aus. Aber wir haben die Stadt bereits von zwanzig Regimentern umstellen lassen. Marschall de Broglie zieht weitere Kräfte zusammen. Sie haben bereits ihre Befehle und marschieren von allen Seiten auf die Stadt zu.«

Während ich zuhörte, vergaß ich meine eigenen Probleme. Was ich da zu hören bekam, war unglaublich. Ich musste auf dem schnellsten Weg ins Hotel zurück und Monsieur Legrand Bescheid sagen. Er würde Mirabeau und Lafayette warnen. Gelang mir das nicht, dann konnte es passieren, dass sie bei Einbruch der Dunkelheit bereits im Gefängnis saßen, dass die Nationalversammlung zerschlagen wurde und dass alles verloren war, wofür sie in den vergangenen zehn Wochen gekämpft hatten.

»Gut«, sagte der Marquis munter. »Sie kennen nun unsere Pläne. Ich gehe davon aus, dass Sie mich unterstützen, auch wenn einige der anderen zögern sollten. Es gibt jetzt kein Zurück mehr, dafür ist es zu spät.«

»Sicher, aber ...«

»Gut, dann gehen wir. Ich muss nur noch schnell ein Wort mit meiner verflixten Nichte reden.«

Ich war auf dem halben Weg zum Fenster, als sich der Türknauf drehte. Ich öffnete das Fenster und schaute nach unten. Es sah ziemlich tief aus, aber ich war sicher, dass ich hinunterspringen konnte, ohne mich zu verletzen. Außerdem hatte ich gar keine andere Wahl, denn an dem Marquis, seinem Begleiter und dem Diener an der Tür vorbeizukommen war ein Ding der Unmöglichkeit.

Es war Pauline, die meinen Plan zunichte machte. Natürlich in allerbester Absicht. Sie hatte Angst, ich könnte mir das Genick brechen.

»Nein!«, schrie sie. »Tu's nicht!«

Sie hielt mich fest. Ich war durch Vater Gamains Soutane so behindert, dass ich mich nicht von ihr losreißen und auf die Fensterbank springen konnte. Andere, stärkere Arme ergriffen mich und zerrten mich ins Zimmer zurück. Als ich mich umdrehte, stellte ich fest, dass der Marquis seine Pistole auf mich gerichtet hatte. Neben ihm stand sein Begleiter, mit gezücktem Rapier. In der Tür stand der Lakai und machte ein entsetztes Gesicht.

»Keine Bewegung«, sagte der Marquis. »Ah, unser romantischer, junger Maler. Und dazu noch verkleidet. Was für eine Maskerade!«

»Er ist nur gekommen, weil er mich sehen wollte. Wir haben nichts Schlimmes getan, Onkel. Bitte, lassen Sie ihn gehen!«

»Das werde ich auf keinen Fall tun. Dieser junge Mann hat mir schon viel zu viel Ärger gemacht. Er ist hinter Schloss und Riegel besser aufgehoben.« Ohne mich aus den Augen zu lassen, bellte der Marquis dem verdatterten Lakaien einen Befehl zu. »Schnell, geh los und hole ein paar Schweizer Gardisten.«

»Sofort, Monseigneur!«

»Aber Onkel«, sagte Pauline flehend. »Monsieur Mercier hat sich doch keines Verbrechens schuldig gemacht. Wenn er feierlich verspricht, dass er so etwas nie wieder tun wird und mir auch nicht mehr ohne Ihre Einwilligung schreiben wird …«

»Ich verspreche gar nichts!«, sagte ich zornig.

»Pierre, du musst!«

»Halt deinen Mund, Mädchen!«, sagte der Marquis barsch. »Ich bin an seinen Versprechungen nicht interessiert. Ich bin auch nicht an dem interessiert, was ihr beide vielleicht ausgeheckt haben könntet. Es gibt im Augenblick wahrlich wichtigere Dinge.«

Der Mann mit dem Rapier schaltete sich nun ein: »Er hat bestimmt alles gehört.«

»Wir können kein Risiko eingehen. Der Plan darf auf keinen Fall bekannt werden.«

»Sie haben Recht, er gehört hinter Schloss und Riegel. Mindestens für einen oder zwei Tage.«

»Oder für einen oder zwei Monate, oder für ein oder

zwei Jahre«, sagte der Marquis boshaft. »Henri, würden Sie bitte einen Augenblick die Pistole halten. Ich muss seinen Namen notieren.«

Während mich der andere in Schach hielt, ging der Marquis in das andere Zimmer. Ich hörte das Kratzen eines Gänsekiels. Als er zurückkam, schwenkte er ein Stück Papier, damit die Tinte schneller trocknete.

»Onkel ...«, begann Pauline mit erstickter Stimme.

»Ja.« Er nickte spöttisch. »Ein *lettre de cachet.* Hast du so etwas schon mal gesehen, meine Liebe? Ich werde ihn dir vorlesen.« Er räusperte sich und deklamierte in unbekümmertem Ton, als lese er eine Geburtstagskarte vor:

»Im Namen des Königs:
Hochverehrter, werter Herr
hiermit erteilen wir euch Order,
PIERRE MERCIER
in Eurem Hause in Verwahrung zu nehmen und ihn dortselbst zu behalten, bis von unserer Seite weitere Order ergehen ...
Denn dies ist unser königlicher Wille.

Ausgefertigt zu Versailles, den 11. Juli 1789
Ludwig

Praktisch, nicht wahr?«, sagte der Marquis grinsend. »Ich weiß gar nicht, was ich ohne diese Dinger anfangen würde. Was glaubt ihr wohl, an wen dieser Brief adressiert ist?« Er lächelte zuerst mich an und dann Pauline und weidete sich an der Spannung auf unseren Gesichtern. »Ich habe ihn adressiert: ›An den Gouverneur der Bastille‹.«

13 Der vierzehnte Juli

Da gerade keine Eskorte von Schweizer Gardisten verfügbar war, die mich zu den Verliesen der Bastille schaffen konnte, verbrachte ich das Wochenende auf der Wache. Es geschah offenbar viel zu viel, als dass sie Zeit gefunden hätten, wegen eines einzigen, unbedeutenden Gefangenen eine Fahrt nach Paris zu machen. Ich hatte es nicht eilig, von mir aus hätte es noch lange dauern können, bis ein Konvoi in diese Richtung ging. Allzu gern hätte ich gewusst, was währenddessen in der Stadt geschah, aber das konnte mir niemand sagen. Die Wachen wussten es selbst nicht genau. Wahrscheinlich war es ihnen ohnehin gleichgültig. Sie waren Soldaten, dazu noch Ausländer. Sie machten Dienst, ließen sich ablösen, reinigten ihre Waffen, aßen ihre Rationen, sangen, fluchten, machten Witze und spielten. Wenn ihre Offiziere ihnen befahlen zu schießen, dann schossen sie. Worum es dabei ging, war ihnen gleichgültig.

Der Sonntag dämmerte herauf und die Kirchenglocken läuteten. Es war ein Sonntag wie jeder andere. Keine Schüsse, kein Lärm von Demonstrationen, keine Gefangenen, die in das Wachthaus geschafft wurden.

Also haben die Herren Adeligen Recht behalten, dachte ich verzweifelt. Die Deputierten sind im Schlaf überrascht und arretiert worden. Necker, der einzige Minister des Königs, der etwas taugte, ist zum Teufel gejagt worden. Jetzt hat die Partei der Königin das Sagen, und die wird mit Musketen und Kanonen regieren. Das Volk ist heute in derselben Situation wie ich gestern, als mich der Marquis mit seiner Pistole in Schach hielt.

Der Marquis … Ich musste wieder an Pauline denken.

An diesem Morgen würde man sie zusammen mit ihrer Anstandsdame, Gouvernante oder Gefängniswärterin, wie immer man sie nennen mochte, nach Morsac schaffen. In eben diesem Augenblick machte sich die zweitbeste Kutsche des Marquis vielleicht gerade auf den Weg. Ob es Pauline wohl gelungen war, eine Nachricht ins *Hôtel du Renard* zu schicken? Ich wusste, dass sie nichts unversucht lassen würde, war aber ziemlich sicher, dass der Marquis alle Versuche in dieser Richtung zunichte gemacht hatte. In einem derart kritischen Augenblick würde er nichts dem Zufall überlassen.

Ich machte mir Sorgen um die arme Madame. Sie war wahrscheinlich verrückt vor Angst um mich. Ich hatte gestern nach dem Mittagessen das Hotel verlassen, auf dem Arm Vater Gamains Soutane, und war nie im Priorat angekommen. Bestimmt war ihr klar, dass ich mich nicht in Luft aufgelöst hatte, sondern dass mir etwas zugestoßen war.

Ich musste es irgendwie schaffen, ihr eine Nachricht zukommen zu lassen. Wenn ich erst einmal in der Bastille war, würde es unmöglich sein, jemandem eine Botschaft zu schicken. Die Festung hatte einen ausgesprochen schlechten Ruf. War man erst einmal dort, dann konnte man verrotten. Nicht einmal die eigene Familie erfuhr, wo man sich befand.

Abends gelang es mir, den Wärter, der mir das Essen brachte, zu bestechen. Zwar weigerte er sich, einen

Brief entgegenzunehmen – ein Schriftstück war ihm zu riskant, wie er sagte –, aber er hatte heute Abend Ausgang und fand nichts Verfängliches daran, Madame de Vairmont eine mündliche Botschaft zu überbringen. Er würde ihr mitteilen, dass man mich auf Grund eines *lettre de cachet* verhaftet hatte, um mich in die Bastille zu schaffen, und dass ich morgen früh dorthin gebracht würde.

Ich musste ihm vertrauen. Er hatte keinen Grund, sein Versprechen nicht zu halten. Außerdem konnte er damit rechnen, von Madame eine zweite Belohnung für seine Dienste zu bekommen.

Der Geste, die er am nächsten Morgen machte, entnahm ich, dass meine Nachricht angekommen war.

Das war besser als gar nichts. Ich hatte zwar nicht die Hoffnung, dass mir Madame gegen einen so mächtigen Feind wie den Marquis helfen konnte, aber zumindest wusste sie jetzt, dass ich lebte und wohin man mich schaffen würde.

Mein Abtransport verzögerte sich allerdings um einen weiteren Tag. Zwar hatte man einem Trupp Schweizer Gardisten (auch in der Bastille taten Schweizer Gardisten Dienst) den Befehl gegeben, mich dorthin zu schaffen, diesen Befehl aber aus irgendeinem Grund wieder rückgängig gemacht.

Im Laufe des Vormittags wurde klar, dass in Paris übers Wochenende etwas geschehen war. Stunde um Stunde sickerten Gerüchte in das Wachthaus, deren Inhalt selbst einem Gefangenen nicht verborgen blieb. Die Nachricht von Neckers Entlassung hatte gestern Nachmittag Paris erreicht. Die Massen der sonntäglichen Spaziergänger in den Gärten des königlichen Palastes waren daraufhin sofort zu Protestkundgebungen zusammengeströmt. Das Volk hatte geschrien: »Zu den Waffen!«

»Sie haben die Theater schließen lassen«, hörte ich einen der Schweizer Gardisten sagen. »Als Zeichen der Staatstrauer.«

»Außerdem haben sie sich eine Wachsbüste von Necker besorgt und sind damit durch die Straßen gezogen«, erzählte ein anderer. »Und eine Büste des Duc d'Orléans. Er ist sehr beliebt.«

»Auf dem Place Vendôme ist gekämpft worden. Die deutschen Söldner des Prince de Lambesc haben versucht, die Ordnung wieder herzustellen.«

»Was ihnen aber nicht gelungen ist!«

»Pah! Diese Deutschen taugen doch nichts.«

»Uns hätten sie schicken sollen!«

Ein weiterer Schweizer schaltete sich in die Diskussion ein. »Es waren nicht nur die Massen. Man sagt, französische Soldaten seien aus den Kasernen gekommen und hätten geholfen, die Deutschen zurückzudrängen.«

Einer der Soldaten pfiff erstaunt, die anderen lachten. Sie hatten offenbar keine großen Sympathien für ihre deutschen Kollegen. Der Mann, der die Nachricht vom Eingreifen der französischen Soldaten gebracht hatte, war anscheinend etwas intelligenter, denn er sagte mürrisch: »Wartet nur, bis sie mit uns dasselbe machen, dann wird euch das Lachen schon noch vergehen.«

Seine Bemerkung wurde mit einem verächtlichen Lachen quittiert. Diese Schweizer waren harte und stolze

Burschen, die ihr Handwerk verstanden. Sie waren fest davon überzeugt, dass sie mit jeder Situation fertig werden konnten.

Ihr Gerede machte mich allerdings nachdenklich. Monsieur Legrand hatte mir erzählt, dass die dreiundzwanzig Söldnerregimenter das Rückgrat der königlichen Macht bildeten und mehr wert waren als die achtzig regulären französischen Regimenter. Wenn sich nun aber die französischen Soldaten ihren Landsleuten in ihrem Widerstand gegen die Ausländer anschlossen, was dann?

Den ganzen Montag über trafen immer wieder neue Gerüchte ein. Die Polizei war von den Straßen von Paris verschwunden. Die Soldaten hatten sich zum Marsfeld zurückgezogen. Es hatte Krawalle und Plündereien gegeben. Eine Kornkammer war gestürmt worden. Waffengeschäfte waren geplündert worden. Um die Ordnung wieder herzustellen, hatten die Pariser eine eigene Stadtgarde aufgestellt, die auf den Straßen patrouillierte. Sie trugen rot-weiß-blaue Kokarden.

Die Soldaten im Wachthaus taten so, als handele es sich einfach um einen weiteren Hungeraufstand, nur in etwas größerem Stil. So etwas habe es schon mehr als einmal gegeben, meinten sie, nicht nur in Paris, auch in vielen anderen Städten. Die Situation habe sich eben noch etwas verschärft.

»Das war doch zu erwarten«, meinte einer der Männer. »Schließlich soll es in Paris nur noch Brotvorräte für drei Tage geben. Es könnte also noch brenzlig werden, bis endlich die Ernte eingebracht ist.«

Ein Sergeant kam hereinstolziert.

»Du, du und du, ihr geht morgen früh nach Paris.«

»Gut«, murmelte einer der Soldaten träge. »Dann erfahren wir wenigstens, was wirklich los ist.«

Der Sergeant wandte sich um und lächelte mich gut gelaunt an.

»Das betrifft auch dich, junger Mann. Deine Kutsche zur Bastille steht bereit.«

Meine ›Kutsche‹ erwies sich als einfacher Pferdewagen, der mit Vorräten für die Besatzung der Bastille beladen war. Nach weiteren Verzögerungen machten wir uns dann irgendwann im Laufe des späteren Vormittags auf den Weg. Ich durfte auf dem Wagen sitzen, ungefesselt. Der Sergeant warnte mich davor, irgendwelche Tricks zu versuchen. Ich würde nicht weit kommen, meinte er. Angesichts der schlanken, blitzenden Bajonette glaubte ich ihm das aufs Wort. Der Trupp bestand aus zwölf Mann, die zackig marschierten, bis wir Versailles hinter uns gelassen hatten. Danach ließ der Sergeant die Hälfte von ihnen hinten auf dem Wagen sitzen. Nach ein paar Meilen wurde gewechselt. In der Mittagshitze dieses Julitages war die Straße nach Paris heiß und staubig.

Im Gegensatz zu den Schweizern war ich alles andere als erpicht darauf, dass die Fahrt bald zu Ende ging. Denn wenn ich erst einmal innerhalb der Festung mit ihren neun Fuß dicken Mauern, ihren Gräben und Verliesen war, konnte es Jahre dauern, bis ich wieder freikam. So war es vielen ergangen und viele waren dort gestorben. ›Bis wir neue Order geben‹, so hieß es auf dem *lettre de cachet*. Und welche neue Order konnte ich von einem König erhoffen, der nicht einmal von meiner Existenz wusste, von einem König, der Blanko-Haftbefehle unterschrieb und sie stapelweise seinen Ministern und deren Freunden überließ?

Ich war dem Marquis auf Gedeih und Verderb ausgeliefert. Und da die Partei der Königin jetzt Oberwasser hatte, gehörte der Marquis zu den wahren Machthabern Frankreichs. Ich hatte genug von Pauline gehört – und hinter der Tür im Palast genug mitbekommen –, um zu wissen, dass der Marquis eine der Schlüsselfiguren im Hintergrund war.

Er stand für eine neue Politik der Stärke. Solange Leute wie er die Macht hatten, würde es keine Konzessionen an die bürgerlichen Emporkömmlinge mehr geben, an diese Händler und Bauern, diese unsäglichen Landpfarrer, diese Verräter wie Mirabeau und Lafayette, die ihren eigenen Stand im Stich gelassen hatten. Wenn der König nicht den Mut aufbrachte, sie in die Schranken zu verweisen, dann mussten das die Königin und ihre Freunde übernehmen.

In nächster Zeit, so dachte ich grimmig, würde der Marquis wichtigere Dinge zu tun haben, als sich an den jungen Mann zu erinnern, den er in die Bastille geschickt hatte. Aber selbst wenn er sich an mich erinnern sollte, würde er keine große Eile haben, meine Freilassung anzuordnen. Und wenn Pauline seinem Gedächtnis auf die Sprünge helfen und um Gnade für mich bitten sollte, würde sie vermutlich das genaue Gegenteil erreichen.

Meine Zukunftsaussichten waren also ausgesprochen düster. Wahrscheinlich würde ich in der Bastille bleiben, bis Pauline verheiratet war, entweder mit dem gichtigen Weinhändler aus Bordeaux oder mit einem anderen Mann, den ihr Onkel für sie ausgewählt hatte. Vielleicht würde er sie sogar damit erpressen, mich so lange in der Bastille schmoren zu lassen, bis sie in eine Ehe einwilligte. Pauline meine Freilassung als Hochzeitsgeschenk zu präsentieren, das würde durchaus seiner Art von Humor entsprechen.

Nein, während unser kleiner Konvoi durch die Straßen von Sèvres rollte, über die Seinebrücke rumpelte und sich langsam der Silhouette von Paris näherte, war ich alles andere als heiterer Stimmung.

Die Bastille befand sich auf der anderen Seite der Stadt, in einer Gegend, in der ausschließlich Arme lebten. Die letzten ein oder zwei Meilen unserer Fahrt führten mitten durch die Elendsviertel von Paris.

Während wir der Bastille immer näher kamen, wurde allerdings immer zweifelhafter, ob wir ohne Schwierigkeiten dorthin gelangen würden. Die Kirchenglocken läuteten Sturm. Ein paar Mal meinte ich, in der Ferne Kanonendonner zu hören. Und an der Zollstation versuchte eine Gruppe Bewaffneter mit Kokarden, uns zurückzuweisen.

Unglücklicherweise waren sie unserem Trupp zahlenmäßig unterlegen. Außerdem erwies sich ihr Anführer trotz seines großartigen Auftretens als furchtsam. Der Schweizer Sergeant sagte grob, dass er einen solchen Unsinn nicht dulden werde. Als er seinen Männern befahl, die Musketen anzulegen, und sich daraufhin all die hässlichen Gewehrläufe, jeder von ihnen mit einem stählernen Bajonett versehen, hoben, wichen die Freiwilligen zurück und ließen unseren Wagen murrend passieren. »Das ist die einzige Sprache, die sie verstehen«, sagte der Sergeant selbstzufrieden.

Aber je tiefer wir in das Gewirr der engen Straßen und Gassen gelangten, umso mehr verschwand seine Selbstzufriedenheit. Irgendetwas, das war unübersehbar, stimmte nicht. Frauen lehnten sich aus den Fenstern der Obergeschosse und forderten die Schweizer auf, in die Schweiz zu verschwinden. Als wir an ihnen vorbeirumpelten, ließen sie Beleidigungen und Schlimmeres herunterregnen. Ich war froh, dass ich unter dem Dach des Pferdewagens saß. Irgendwie hatte ich fast so etwas wie Mitleid mit meinen Bewachern. Trotz ihrer schussbereiten Musketen konnten sie nichts ausrichten.

»Erst schießen, wenn ich es befehle«, brüllte der Sergeant nervös. »So was ist schnell angefangen und schwer zu beenden«, fügte er in gedämpftem Ton hinzu. »Möchte nicht in ein Hornissennest stechen. Aber keine Sorge, Kleiner, bis zur Bastille ist es nicht mehr weit.«

Seine Zuversicht sollte sich allerdings schon bald als falsch erweisen.

Das Gedränge in den Straßen wurde immer größer. Den vor dem Wagen marschierenden Soldaten fiel es immer schwerer, uns eine Gasse zu bahnen. Wir kamen nur ruckweise voran. Als wir um eine Kurve bogen, kam uns ein riesiger Zug laut schreiender Menschen entgegen. Unsere Fahrt war zu Ende. Im Nu waren wir von den Menschenmassen umringt. Piken und Gewehrläufe blitzten in der Sonne. Über den mit Kokarden geschmückten Köpfen wurde eine Fahne geschwenkt – eine neue Fahne, die ich noch nie zuvor gesehen hatte, in den Farben Rot, Weiß und Blau. Irgendjemand schlug wie verrückt auf eine Trommel.

Plötzlich brach das Trommeln ab. Gespannte Stille breitete sich aus. Die Soldaten und die Menge starrten sich an. Ein Mann mit einer Pistole rief dem Sergeanten zu: »Ihr kehrt besser um. Wenn ihr dorthin zurückkehrt, wo ihr hergekommen seid, geschieht euch nichts.«

»Verbindlichen Dank«, sagte der Sergeant. »Aber ich habe meine Befehle.«

»Zeig her!«

Der Sergeant hielt dem Mann zwei Papiere hin, eins davon war mein *lettre de cachet.*

»Die Bastille?« Der Mann mit der Pistole ließ ein dröhnendes Gelächter hören. »Den Weg könnt ihr euch sparen. Die Bastille ist gestürmt worden – die Tore stehen offen.«

Der Sergeant, der an wilde Gerüchte gewöhnt war, murmelte eine ziemlich unhöfliche Bemerkung. Die Bastille hätte einer Belagerung mit schwerer Artillerie standgehalten. Dass ein ungeordneter Mob sie gestürmt haben konnte, war einfach unvorstellbar.

»Du glaubst mir nicht, Sergeant? Schau selbst!«

Ein weiterer Zug von Menschen kam die Straße hinunter auf uns zu geströmt. Überraschenderweise machte die Menschenmenge, die uns umgab, für diesen neuen Zug Platz. Die Leute schwenkten dreifarbige Flaggen über den Köpfen. Nicht zu übersehen war ein riesiges Plakat, auf das jemand ›Die Bastille ist gefallen‹ geschrieben hatte. Zahlreiche Männer mit trüben, bleichen Gesichtern wurden auf den Schultern an uns vorbeigetragen. Dutzende von Menschen streckten sich, um diesen ehemaligen Insassen der Bastille die Hand zu schütteln. Hinter ihnen hielt ein Mann eine Pike hoch, an deren Spitze eine Reihe riesiger, alter Schlüssel baumelte.

Sollte die fantastische Geschichte etwa tatsächlich stimmen?

»Was habt ihr auf eurem Wagen, Sergeant?«

»Nur Vorräte, sonst nichts.«

»Und wer ist der junge Mann?«

»Ein Gefangener, den ich abzuliefern habe. Steht alles in den Papieren.«

Der Mann schaute sich meinen *lettre de cachet* noch einmal an. »Sie können herunterkommen, Monsieur Mercier. Und das hier wird nicht mehr gebraucht.« Damit zerriss er das Papier. Die Umstehenden schrien beifällig, während der Sergeant wütend protestierte.

»Das Papier war an den Gouverneur der Bastille gerichtet ...«

»Der Gouverneur ist jetzt selbst Gefangener!«

Ein neues Gesicht drängte sich nach vorn und grinste uns an – rauchgeschwärzt, blutverschmiert und triumphierend. Ein von Hunger und Hass gezeichnetes Gesicht. Das Gesicht der Pariser Elendsviertel.

»Nein, ist er nicht!«, schrie der Neuankömmling. »Du kannst ihm höchstpersönlich Meldung machen, wenn du willst. Dort kommt dein Gouverneur.«

Er zeigte hinter sich. Plötzlich merkte ich, wie mir schlecht wurde.

Irgendetwas wurde auf der Spitze einer Pike hochgehalten und ich erkannte voller Entsetzen, was es war: der Kopf eines Mannes.

14 Die Tage der Großen Angst

Nun ging alles sehr schnell.

Der Sergeant wurde zur Seite geschoben, raue, aber freundliche Hände zogen mich vom Wagen herunter. Plötzlich saß ich auf den Schultern eines hünenhaften Arbeiters. Die Menschen streckten die Hände aus, um mir auf den Arm zu klopfen oder meine Hand zu schütteln. Wer nicht hoch genug reichte, streichelte mir das Bein. Alles schrie durcheinander:

»Sie haben ihn aus der Bastille gerettet.«

»Er ist doch noch ein Junge!«

»Brutale Schweine!«

Ich wurde im Kielwasser des Zuges weggetragen. Hinter mir konnte ich gerade noch sehen, wie der Wagen geplündert wurde. Unter dem Ansturm der Menge schaukelte und schwankte er wie ein untergehendes Schiff in wilder See. Die Rotröcke waren nur noch als farbige Punkte zu erkennen, die hin und her geworfen wurden. Die Schweizer hätten sicher wie die Löwen gekämpft, um den König zu verteidigen, jetzt aber hatten sie wohl genug Verstand, sich in Sicherheit zu bringen. Sie hätten ohnehin keine Chance gehabt, die ausgehungerte Menge von dem Wagen fern zu halten. Sie wären zerrissen worden.

Auf den Wogen des Sturms – oder, wie sich bald herausstellte, auf den Schultern eines Arbeiters der königlichen Glasmanufakturen – wurde ich die Straße hinuntergetragen. Wir verloren den Anschluss zum Hauptteil des Zuges, und ich war froh, dessen schaurige Trophäe nicht länger vor Augen zu haben. Es war inzwischen früher Abend, jedoch immer noch sehr heiß. Mein menschliches Ross beschloss glücklicherweise schon bald, dass der Aufenthalt in einem Café, wo er mit seinen Freunden auf die Gesundheit des aus der Bastille befreiten Opfers trinken konnte, dem Marsch über die Straßen vorzuziehen war.

Und so wandelte sich innerhalb weniger Minuten der Schrecken zu Frohsinn, die Tragödie zur Farce.

Den Leuten um mich herum erklären zu wollen, dass ich nie auch nur einen Fuß in die Bastille gesetzt hatte, war zwecklos. Es hatte sich herumgesprochen, dass ich ein befreiter Häftling war, das genügte als Grund zum Feiern. Die Menge war entschlossen, einen Märtyrer aus mir zu machen, einen Helden des neuen Frankreich. Von allen Seiten wurden mir Getränke und Essen gereicht. Ich wies die freundlichen Gaben nicht zurück. Die Mahlzeiten im Wachthaus waren nicht gerade üppig gewesen. Außerdem, solange ich den Mund voll hatte, brauchte ich nicht so viele Fragen zu beantworten.

»Der arme junge Herr! Seht nur, wie sie ihn in den Kerkern der Bastille haben hungern lassen.«

»Und wie blass er ist! Wer weiß, wie lange er kein Tageslicht mehr gesehen hat.« Zu einer solchen Feststellung gehörte schon eine Menge Fantasie. Wenn meine Haut überhaupt anders war als sonst, dann eher rosiger.

»Bitte, Messieurs …« Ich versuchte noch einmal, ihnen alles zu erklären.

»Sag nichts«, meinte eine mütterliche Marktfrau. »Iss

lieber, mein Junge.« Sie drückte mich an sich. »Jetzt ist alles in Ordnung, du bist unter Freunden. Diesen fürchterlichen Ort wirst du nie wieder sehen.«

Wie hätte ich ihr klarmachen sollen, dass ich ihn doch noch gar nicht zu Gesicht bekommen hatte? Es war sinnlos, in diesem Begeisterungstaumel irgendetwas erklären zu wollen. Ich gab es auf.

Sobald ich konnte, machte ich mich aus dem Staub. Ich hatte nur einen Gedanken: Zurück nach Versailles.

Aber Paris war aus Freude über die Erstürmung der Bastille aus dem Häuschen geraten. Selbst wenn ich mich in der Stadt ausgekannt hätte und Abkürzungen durch die Gassen hätte nehmen können, wäre ich nur langsam vorangekommen. Überall, auch in den kleinen Straßen der Stadt, standen dicht gedrängte Menschenmassen, um lautstarken Rednern zuzuhören, die von Caféhaustischen aus die Menge aufwiegelten. Demonstranten zogen kreuz und quer, überall ohrenbetäubendes Geschrei und Trommelwirbel. Wenn ich nicht gerade von einer Versammlung unter freiem Himmel oder von einer Demonstration aufgehalten wurde, musste ich gegen einen Strom tanzender, jubelnder Wahnsinniger ankämpfen, die sich untergehakt hatten.

Glücklicherweise hatten mir meine ersten Retter eine rot-weiß-blaue Kokarde geschenkt, sodass mich alle als Genossen und Freund behandelten.

Die Menschen waren so freundlich zu mir, dass ich mich, wenn ich stehen blieb, um nach dem Weg zu fragen, nur mit Mühe wieder losreißen konnte. Jeder wollte mir die neuesten Nachrichten und Gerüchte mitteilen – hatte ich dies gehört und das gesehen? Wusste ich, was am Rathaus passiert war? Die Männer bedrängten mich, mit ihnen anzustoßen, die Mädchen forderten mich zum Tanzen auf. Sich zu weigern wäre gefährlich gewesen. Also bahnte ich mir mit einem Schluck Wein und einem Schlag auf die Schultern hier und einem Kuss dort geduldig einen Weg durch das Chaos. Ich brauchte bis zum Einbruch der Dunkelheit, um die Stadt hinter mich zu bringen.

Nach einem langen Fußmarsch, der bis zur Morgendämmerung dauerte, betrat ich endlich steifbeinig das *Hôtel du Renard.* Im ganzen Haus schien bereits große Aufregung zu herrschen. Monsieur Legrand, unrasiert und mit wildem Gesichtsausdruck, sprach gerade mit Robespierre und anderen Deputierten.

Als er mich sah, brach er ab, stürmte auf mich zu, riss mich an seine Brust und küsste mich auf beide Wangen.

»Pierre! Du bist von den Toten zurückgekehrt! Oder, besser gesagt, von der Bastille!«

Dieses verflixte Wort brachte das ganze Hotel auf die Beine. Im Nu war ich von allen Seiten umringt, musste berichten und wurde mit Sympathiebekundungen überhäuft.

»Lasst doch den Jungen sich hinsetzen«, sagte Monsieur Legrand. »Er braucht einen Kaffee. Ein Glas Cognac …«

»Bitte nicht«, sagte ich und meinte den Cognac.

»Aber du hast gelitten – wie musst du gelitten haben!«

»Ja«, sagte ich. »Ich bin noch nie in meinem Leben von so vielen Mädchen geküsst worden und kann nur hoffen, dass mir so etwas nicht noch einmal widerfährt.«

Als einer der Deputierten schallend zu lachen anfing, war der Bann gebrochen, sie ließen mich in Ruhe. Trotzdem wollten natürlich alle wissen, wie es in Paris zuging. Viele hatten gerade erst vom Fall der Bastille gehört. Als am Abend vorher die ersten Nachrichten vom Sturm auf die Bastille Versailles erreicht hatten, waren die meisten schon im Bett gewesen.

Ich erzählte ihnen das wenige, was ich wusste. Paris war in den Händen der Bürger. Sie hatten sich Waffen besorgt, zuerst aus den Geschäften der Büchsenmacher, dann aus den Arsenalen. Nach meinen Informationen hatten sie fast dreißigtausend Musketen, aber kein Pulver gefunden. Daraufhin waren sie zur Bastille marschiert, weil dort der größte Teil des Pulvers gelagert wurde. Nach stundenlangen Schießereien hatten seine eigenen Leute den Gouverneur der Bastille zur Kapitulation gezwungen und die Menge hatte die Bastille über die heruntergelassene Zugbrücke gestürmt. Wer den Gouverneur ermordet hatte, wusste nachher niemand mehr.

»Aber die Armee!«, rief Monsieur Legrand. »Wo waren denn die Soldaten? Was haben sie getrieben?«

»Ich habe in der ganzen Zeit keinen einzigen Soldaten gesehen, außer denen, die desertiert waren und sich der Stadtgarde angeschlossen hatten.«

Robespierre befingerte meine Kokarde. »Wie ich sehe«, sagte er mit einem dünnen Lächeln, »trägst du die Farben von Paris – Rot und Blau.«

»Alle tragen solche Kokarden, Monsieur.«

»Ich dachte«, sagte Monsieur Legrand, »sie trügen Grün, die Farbe der Hoffnung.«

»Sie sind nicht auf dem Laufenden, Monsieur«, warf

ein anderer Deputierter ein. »Die Leute haben festgestellt, dass Grün die Farbe des Comte d'Artois ist.«

Ich erzählte ihnen, dass ich außerdem rot-weiß-blau gestreifte Flaggen gesehen hatte. Man war sich im Unklaren darüber, ob die Farbe Weiß die neue Verfassung symbolisieren sollte oder die Flagge des Königs, um damit deutlich zu machen, dass sich die Revolte nicht gegen den König persönlich richtete.

»Revolte?«, sagte jemand. »Das ist keine Revolte. Täuschen Sie sich nicht, Messieurs, das ist eine Revolution!«

In diesem Augenblick rauschte Madame herein. Sie kam direkt aus dem Bett, war weder frisiert noch geschminkt. So wenig hergerichtet hatte ich sie noch nie gesehen.

»Pierre! Mein Junge! Ich habe es gerade erst erfahren!«

Sie breitete die Arme aus und drückte mich an sich.

Ich schloss die Augen und überließ mich einmal mehr der Qual einer endlosen Umarmung.

Was nun? Was würde als Nächstes geschehen? Wie sollte die Regierung den Sturm auf die Bastille beantworten?

Dasselbe fragten sich auch die Berater des Königs. Und auch die Königin stellte sich diese Fragen, wenn sie in den Spiegel schaute.

Wie wir später erfuhren, gab es Stimmen, unter ihnen die des Marquis de Morsac, die den König aufforderten, den Hof nach Metz an die östliche Grenze zu verlegen, diese Stadt zur neuen Hauptstadt zu machen und die königstreue Landbevölkerung gegen das rebellische Paris zu mobilisieren. Aber wie königstreu war die Landbevölkerung? Der Marschall de Broglie drückte es so aus: »Wir können natürlich nach Metz gehen, aber was tun wir, wenn wir dort sind?«

Der sechzehnte Ludwig war natürlich der Letzte, der zu einer kühnen Entscheidung fähig gewesen wäre. Er schwankte und zögerte, während die Königin ihre Juwelen einpackte und ihre Privatpapiere verbrannte. Sie war zu allem bereit, ob Verlegung des Hofes oder Bürgerkrieg. Frankreich war schließlich nicht ihre Heimat. Franzosen waren für sie Untertanen, nichts weiter. Und Untertanen hatten zu gehorchen. Taten sie es nicht, mussten sie dafür büßen.

Der König war da ganz anders. Er hatte mühsam und geduldig die englische Geschichte studiert. Der englische König war stur und tapfer gewesen, mit dem Ergebnis, dass das Volk ihm den Kopf abgeschnitten hatte. Ludwig hatte nicht vor, denselben Fehler zu machen. Er würde vernünftig bleiben und um jeden Preis ein gutes Verhältnis zu seinem Volk behalten.

Und so kam es, dass im Laufe des Tages die Nachricht die Runde machte, dass es keine Verlegung nach Metz und keinen Angriff auf Paris geben werde. Die Truppen würden zurückgezogen. Man hatte einen Boten zu Necker geschickt und ihn gebeten, wieder das Amt des Finanzministers zu übernehmen.

Die Günstlinge der Königin mussten einsehen, dass ihr Spiel ausgespielt war. Der Comte d'Artois ließ seine Pferde holen. Er war nicht der Einzige. Ein allgemeines Packen setzte an diesem Tag im Schloss ein. Kutsche auf Kutsche rollte in Richtung Grenze. Die Wappen auf den Türen hatte man eiligst übermalen lassen. Die Fahrer hatten ihre Livree gegen normale Kleider vertauscht.

Mehr und mehr Menschen kamen zu der Überzeugung: »Das ist keine Revolte – das ist eine Revolution.«

Sobald wir wussten, was vor sich ging, eilte ich über den Platz zum Schloss hinüber. Ich hatte nicht geschlafen und war durch die kurze Sommernacht von Paris nach Versailles gewandert. Aber in meinem Alter kam man mit wenig Schlaf aus, wenn das Leben stattdessen Aufregendes zu bieten hatte. Ich wollte Pauline sehen, mich vergewissern, dass sie wohlauf war, und ihr die neuesten Nachrichten überbringen.

Ich konnte immer noch nicht ganz begreifen, dass es erst vierundzwanzig Stunden her war, dass ich diesen Ort als Gefangener mit einer Eskorte verlassen hatte. Jetzt war ich nicht nur frei, ich konnte sogar dank meiner Kokarde das Schloss betreten. Keiner würde es wagen, Hand an mich zu legen.

Die Gästezimmer waren bereits geräumt. Die Ratten hatten das Schiff verlassen, kaum dass die ersten Wassertropfen in den Laderaum eingedrungen waren. Als ich die Suite erreichte, die die Familie de Morsac bewohnte, fand ich dort nur noch zwei Dienerinnen vor. Sie machten erschrockene Gesichter, als ich zur Tür hereinkam.

»Wir helfen nur beim Aufräumen, Monsieur.«

»Ihr wollt wohl sagen, ihr helft euch selbst.« Denn so wirkte das Ganze auf mich. Sie begannen zu protestieren. Ich unterbrach sie und sagte: »Wo ist der Marquis?«

»Abgefahren, Monsieur. Schon vor einer Stunde.«

»Wohin?«

»Das dürfen wir nicht ...«

»Wohin?«

»Nach Dieppe«, sagte eine der Frauen mürrisch. »Sie wollen nach England.«

»Sie?«

»Madame und Mademoiselle sind ebenfalls abgereist.«

»Und Mademoiselle Pauline?«

»Nein, Monsieur. Die junge Dame ist schon vor drei Tagen nach Morsac gebracht worden.«

Ich kehrte ins Hotel zurück. Während des Essens fragte ich Madame beiläufig: »Wann fahren wir eigentlich wieder nach Hause?«

Sie starrte mich an. »Nach Hause? Jetzt, wo die Dinge ins Rollen kommen? Was für ein Gedanke!«

Ja, die Dinge waren endlich ins Rollen gekommen. Die Nationalversammlung war dabei, das neue Frankreich zu schaffen, von dem weitsichtige Menschen bereits seit Jahren geträumt hatten.

Endlich würden die Menschen frei sein. Auf den Gütern der Adeligen würde es keine Leibeigenen mehr geben. Alle würden vor dem Gesetz gleich sein. Das Land sollte gerecht verteilt werden, damit diejenigen, die es bearbeiteten (wie mein Vater), auch in den Genuss seiner Erträge kamen. Die Adeligen sollten ihre Feudalrechte verlieren, die Kirche sollte gezwungen werden, ihre ungeheuren Reichtümer herauszugeben. Der Adel und der Klerus sollten, wie alle anderen auch, endlich Steuern bezahlen müssen.

Diese Veränderungen wurden nicht nur von den Bürgerlichen herbeigeführt. Es war der Vicomte de Noailles, der Schwiegersohn Lafayettes, der gerechte Steuern und die Abschaffung des Leibeigentums gefordert hatte. Der Duc d'Aiguillon hatte diese Forderungen unterstützt. Und der Vorschlag, das Eigentum der Kirche einzuziehen, war von einem Bischof ausgegangen, von Talleyrand.

Auch *lettres de cachet* und Verhaftungen ohne Gerichtsverhandlung würde es nicht mehr geben. Außerdem sollte eine neue Armee aufgestellt werden, die Nationalgarde, die nur auf Befehl der Zivilregierung aktiv werden durfte.

Diese und ein Dutzend weiterer Reformen wurden in der Nationalversammlung ausgearbeitet. Aber während all das beschlossen wurde, konnten die hungernden Arbeiter und Bauern überall in Frankreich nicht mehr warten. Sie nahmen das Gesetz selbst in die Hand.

Das waren die Wochen, die später als ›Zeit der Großen Angst‹ bezeichnet werden sollten.

Denen, die in Versailles geblieben waren, kamen die wildesten Gerüchte zu Ohren. Da war von nächtlichen Fackelzügen zu einsam gelegenen Herrenhäusern die Rede, von verbrannten Pachtbüchern und – falls sich deren Besitzer zur Wehr setzten – von niedergebrannten Herrenhäusern und hingemordeten Adelsfamilien.

»Dein Marquis hat gut daran getan, nach England zu flüchten«, sagte Monsieur Legrand. »Wäre er nach Morsac zurückgegangen, er hätte damit rechnen müssen, dass ihm die Leute das Schloss unter dem Hintern anzünden.«

»Da er aber nicht zurückgegangen ist …«, begann ich hoffnungsvoll.

»… kann es sein, dass sie das Schloss trotzdem niederbrennen, nur dass Monsieur keine Angst haben muss, dass ihm die Perücke versengt wird!«

Mir wurde plötzlich heiß und kalt. Ich musste unbedingt mit Madame sprechen. Sofort.

»Pauline?« Madame machte ein ernstes Gesicht. »Meinst du, sie ist immer noch in Morsac?«

»Wo soll sie sonst sein? Es sei denn, er hat sie nachkommen lassen. Aber er hat nicht viel Zeit gehabt, um die erforderlichen Arrangements zu treffen. Außerdem«, fügte ich bitter hinzu, »hatte er wohl wichtigere Dinge im Kopf als ihre Sicherheit.«

»Das stimmt.«

»Madame, meinen Sie, dass man Pauline etwas tun wird? Das will doch sicher keiner. Es wäre so sinnlos.«

Madame antwortete langsam: »In Zeiten wie diesen geschehen viele sinnlose Dinge, Pierre. Grausame, barbarische Dinge. Du hast es doch selbst gesehen.«

»Ja, Madame.« Ich erinnerte mich schaudernd an die Trophäe, die nach dem Fall der Bastille durch die Straßen von Paris getragen worden war.

»Auch unschuldige Menschen können zu Schaden kommen. Ich will nicht sagen, dass in Morsac ebenfalls so etwas geschehen muss. Aber ein sicherer Ort für ein junges Mädchen ist das Schloss ganz gewiss nicht.«

»Madame, könnten wir ...«

»Du kannst tun, was du für notwendig hältst«, sagte sie lächelnd und tätschelte mir die Hand. »Ich wäre nur ein Hindernis für dich. Aber ich kann dir Geld geben. Geh und such dir ein gutes Pferd. Ich werde dir Papiere mitgeben, für den Fall, dass du angehalten wirst. Ich werde mich sofort darum kümmern. Wenn ich kann, werde ich Lafayette bitten, seine Unterschrift unter die Papiere zu setzen. Ich glaube, du hast Recht, Pierre. Mach dich so schnell du kannst auf den Weg.«

Von Versailles nach Morsac über Paris und Chalons sind es mehr als hundertzwanzig Meilen. Das bedeutete drei Tage anstrengendes Reiten, denn ich war kein geübter Reiter. Meine Papiere erwiesen sich als sehr nützlich. Lafayettes Name war wohl in jenen Tagen der bekannteste Name Frankreichs. Trotzdem waren angesichts des Aufruhrs, der überall im Lande herrschte, Verzögerungen nicht zu vermeiden.

Alle waren begierig, die neuesten Nachrichten zu hören. Wo immer ich Rast machte, war ich im Nu von einer Menschenmenge umringt und musste Rede und Antwort stehen.

»Was ist in Paris geschehen?«

»Wird der König endlich etwas unternehmen?«

»Haben Sie Briganten gesehen?«

Das war eine Frage, die mir immer wieder gestellt wurde. Angeblich zogen mysteriöse Banden von Gesetzlosen plündernd und mordend durchs Land. Gesehen hatte sie noch niemand – sie waren immer gerade in der Nachbarschaft, zehn, zwanzig oder dreißig Meilen entfernt, und gingen dort ihrem blutigen Handwerk nach. Und immer hieß es, sie seien im Anmarsch.

Ich hielt natürlich Ausschau nach ihnen, besonders wenn ich mich in einsamen und waldreichen Gegenden befand, wo sie den Reisenden angeblich mit Vorliebe auflauerten. Ich verspürte keinerlei Lust, einer solchen Bande in die Arme zu laufen. Ich hatte zwei Pistolen dabei, die ich immer schussbereit hielt, allerdings in der Hoffnung, schon der Anblick der Waffen werde jeden Wegelagerer überzeugen, mich in Ruhe zu lassen, denn ich hatte in meinem Leben nicht viel Gelegenheit gehabt, den Umgang mit einer Pistole zu erlernen. Es war nicht auszuschließen, dass ich meinem armen Pferd in den Hinterkopf schießen würde, wenn ich versuchte, ein vor mir liegendes Ziel zu treffen.

Am dritten Tag meiner Reise begann ich zum ersten Mal, an der Existenz dieser marodierenden Banden zu zweifeln. In einem Dorf teilten mir die Menschen warnend mit, dass Banditen soeben ein zehn Meilen entferntes Dorf niedergebrannt und dessen Bewohner umgebracht hätten. Als ich dorthin kam, fand ich die Bewohner bei bester Gesundheit. Sie wollten wissen, wie ich dem Massaker entkommen war, dass in dem Dorf, aus dem ich gerade kam, stattgefunden hatte. Sie wollten mir partout nicht abnehmen, dass in dem angeblich niedergebrannten Dorf alles in bester Ordnung war. Jeder schien entschlossen, an die Existenz der Briganten zu glauben.

Natürlich hatte es Brandstiftungen gegeben. Oft genug war ich an Schlössern vorbeigeritten, von denen nur noch die rauchgeschwärzten Außenmauern standen. Einmal hörte ich die schaurige Geschichte eines brutalen Großgrundbesitzers, der von den Bauern, die er so lange gequält hatte, durch seine eigenen Wälder gejagt und schließlich in seinem eigenen Fischteich ertränkt worden war. Es waren aber die Dorfbewohner gewesen, die das getan hatten, keine mysteriösen Banden.

Ich musste an das denken, was Monsieur Legrand gesagt hatte; er hatte versucht, die Gewalttaten nach dem Fall der Bastille zu entschuldigen oder zumindest zu erklären: »Wenn man Menschen jahrhundertelang wie Tiere behandelt, darf man sich nicht wundern, wenn sie sich wie Tiere benehmen, sobald sie ihre Ketten los sind. Man kann nicht erwarten, dass sie über Nacht zu gesitteten Damen und Herren werden, nur weil eine Nationalversammlung ihnen dies durch ihre Beschlüsse ermöglicht.«

Am Ende des dritten Tages erreichte ich Valaire. Zu meiner Erleichterung stellte ich fest, dass meine Eltern und meine Geschwister wohlauf waren. Nachdem ich die üblichen Auskünfte über die Ereignisse in Paris und Versailles gegeben hatte, stellte ich meinerseits Fragen.

»Hier ist nichts geschehen«, sagte Jean, mein Bruder. Dabei spuckte er aus, ob wegen meiner städtischen Kleidung oder weil er unser Dorf zu zahm fand, war nicht zu erkennen.

»Wirklich gar nichts?«, fragte ich.

»Das kannst du nicht sagen«, widersprach ihm mein Vater. »Wir haben uns das Land genommen. Ist das nichts?«

»Na und?«, gab Jean wütend zurück. »Wir haben Unterlagen und Verträge verbrannt, das war's. Wir hätten die Häuser der Herren genauso verbrennen sollen und ihre Besitzer dazu.«

»Wie kannst du so was sagen!« Meine Mutter war entsetzt. »Ich möchte wissen, was über ihn gekommen ist.« Sie wandte sich kopfschüttelnd an mich. »Dein Bruder hat sich zu einem bösen Menschen entwickelt. Stell dir nur vor, als Vater Romeuf versucht hat, ihnen Einhalt zu gebieten, hat er die anderen angestachelt, den ehrwürdigen Vater am Glockenseil aufzuhängen.«

»Schade, dass sie's nicht getan haben«, sagte Jean.

»Das reicht jetzt!«, rief mein Vater. »Mit dir wird es noch mal ein böses Ende nehmen.«

Meine Mutter versuchte, das Thema zu wechseln. »Wie lange kannst du bleiben, Pierre?«

»Es tut mir Leid, Mutter, aber ich muss heute Nacht noch weiter, nach Morsac.«

Jean setzte ein wölfisches Grinsen auf und fragte: »Woher weißt du denn davon, Kleiner?«

»Wovon?«

»Ach nichts. Du musst nicht alles wissen.«

Aber mein Vater hatte schon begriffen, worauf Jean hinauswollte. Er verstand die verdrehten Gedanken meines Bruders besser als ich.

»Was ist heute Nacht in Morsac los? Was habt ihr vor?«, wollte er wissen.

Jean grinste ihn höhnisch an. Er war in dem Alter, in dem sich Söhne gegen Väter auflehnen.

»Wir werden ein kleines Feuerchen machen und uns die Hände wärmen«, sagte er. »Vielleicht rösten wir uns auch noch ein paar Hühnchen, wenn wir schon dabei sind – Hühnchen mit gepuderten Perücken und Schnallenschuhen.«

Sein Gesicht war hassverzerrt. Ich starrte ihn entsetzt an. Noch heute könnte ich seinen Gesichtsausdruck aus dem Gedächtnis zeichnen. Und wenn mich jemand fragt, was das vorrevolutionäre Regime an schlimmen Dingen zustande gebracht hat, dann kommen mir als Erstes nicht gefesselte Gefangene oder hungernde Kinder in den Kopf, sondern das Gesicht meines Bruders. Das Gesicht eines ganz normalen Menschen, aus dem durch Armut und Angst und Hass das Gesicht eines Monsters geworden war.

Mein Vater erhob die Faust – und blieb wie versteinert stehen. Jean hatte seine Axt gepackt. Ihre Klinge blitzte kalt und hart und weiß.

»Du hast mir gar nichts mehr zu sagen. Ab jetzt bin

ich mein eigener Herr«, sagte er spöttisch. Mit einem hilflosen Stöhnen ließ mein Vater die Faust sinken. Jean ging rückwärts zur Tür. »Und meine kleine Axt werde ich heute Nacht mitnehmen. Wer weiß, vielleicht kann sie sich nützlich machen.«

15 Roter Mond über Morsac

Nachdem Jean gegangen war, blieb ich noch zehn Minuten im Haus meiner Eltern. Genau zehn Minuten zu viel. Aber es ist nicht einfach, sich von einer Mutter loszureißen, die man seit fast einem Jahr nicht gesehen hat.

Als ich nach draußen kam, war mein Pferd verschwunden.

»Dieser verdammte Jean …«, fluchte mein Vater.

»Mach dir keine Gedanken, Vater. Ich habe Geld. Ich kann mir im *Lion d'Or* ein Pferd mieten, meins war sowieso müde.«

Aber im *Lion d'Or* weigerte man sich. Der Besitzer war untröstlich, ließ sich jedoch nicht erweichen.

»Ich bin weder für noch gegen jemanden, Pierre. Aber du musst mich verstehen. Wenn dein verrückt gewordener Bruder hört, dass ich dir geholfen habe, die Leute in Morsac zu warnen, brennt er mir mein Haus nieder. Du kannst dir nicht vorstellen, wie hier zu Lande die Volksseele kocht.«

»Natürlich kann ich das nicht«, sagte ich wütend. »Wie sollte ich auch? Ich habe ja meine Zeit in einer unbedeutenden, kleinen Stadt namens Paris verträumt – und dort so eine Kleinigkeit wie die Erstürmung der Bastille miterlebt!«

»Es tut mir wirklich Leid, Pierre.«

Da ich einen zehn Meilen langen Fußmarsch vor mir hatte, hielt ich mich nicht weiter mit ihm auf. Die Hitze des Tages war mittlerweile vorüber. Wenn ich Abkürzungen durch die Felder, Wälder und Weingärten nahm, konnte ich es in etwas weniger als zwei Stunden schaffen.

Ich brauchte aber erheblich länger. Mehr als einmal musste ich einem Trupp Männer ausweichen. Einige von ihnen arbeiteten – das war an einem schönen Augustabend normal. Andere hingegen waren mit weniger ehrenvollen Dingen beschäftigt. Sie trugen alte Gewehre, Piken und Stangen mit Sicheln über den Schultern. Alle hatten dasselbe Ziel: Morsac. Dorthin, wo sich die Türme des Schlosses gegen den Abendhimmel abhoben.

In der Stadt selbst war es ruhig. Zwar hielten sich auf der Hauptstraße mehr Menschen auf als üblich, sie lärmten aber nicht, sondern unterhielten sich leise und beobachteten die Straße. Als Fremder in städtischer Kleidung wurde ich natürlich argwöhnisch gemustert. Meine Kokarde schien sie zu beruhigen. Einer von ihnen sprach mich freundlich an: »Wo kommst du her, Bursche?«

»Eigentlich aus Valaire, ich war aber längere Zeit weg – in Versailles.« Ich hielt es für besser, Dialekt zu sprechen, und da ich gerade von meiner Familie kam, fiel es mir auch gar nicht schwer.

»Was tut sich da? Viel Gerede, nehme ich an.«

Auf keinen Fall wollte ich mich in eine längere Unterhaltung verwickeln lassen, aber ich ergriff die Chance, den Leuten hier mitzuteilen, dass die Nationalversammlung endlich mit ihrer Arbeit begonnen hatte.

Wenn die Menschen noch ein paar Wochen Geduld hätten, würde alles besser werden. Die Abschaffung der Feudalrechte sei bereits beschlossene Sache.

»Gesetze sind schnell erlassen«, sagte der Mann wegwerfend. »Genauso schnell kann man aber ein neues Gesetz erlassen, und alles ist wieder beim Alten. Die Menschen hier wollen etwas Handfesteres. Sie wollen, dass etwas geschieht.«

Die Stimmung, die mir entgegenschlug, war die Stimmung der Straße: erwartungsvoll, aggressiv, kopflos. Die Stimmung einer Menschenmenge, die auf einen Führer wartete. Mir war klar, dass schon bald ein Führer auftauchen würde, wenn erst das Zwielicht dichter wurde und der Wein zu fließen begann.

Ich stahl mich weg, überquerte die Brücke und ging zum Wachhaus. Das Schlosstor stand offen. Die lässige Haltung des Wachpostens verriet, dass er keine Ahnung hatte, was sich da auf der anderen Flussseite zusammenbraute.

»Monsieur le Marquis ist zur Zeit nicht anwesend, ebenso wenig der Rest der Familie. O ja, Mademoiselle Pauline ...«

»Sie zu sehen, bin ich gekommen.«

»Einen Moment ...« Der Mann starrte mich an, dann kroch ein froschartiges Lächeln über sein feistes Gesicht. »Sind Sie nicht der Maler, Monsieur Mercier?«

»So ist es.«

»Dann geht es erst recht nicht, mein Junge ...«

»Ich muss Mademoiselle Pauline sehen – auf der Stelle.«

»Nichts zu machen. Da ist mir meine Stellung hier zu wichtig. Strikte Anweisung des Marquis. Niemand darf ins Schloss, und du schon gar nicht. Auch keine Nachricht für Mademoiselle.«

»Aber so versteh doch!«, sagte ich verzweifelt. »Der Marquis hält sich mittlerweile in England auf …«

»Das mag so sein oder auch nicht. Jedenfalls sind meine Anweisungen eindeutig.«

»So hör doch!«, sagte ich drängend. »In der Stadt braut sich etwas zusammen. Ich bin gekommen, um euch zu warnen. Wenn du mich schon nicht einlassen willst, dann sag wenigstens dem Majordomus Bescheid.« Ich erzählte ihm, dass sich in den Straßen, durch die ich gerade gekommen war, die Menschen zusammenrotteten, dass ich auf den Feldern bewaffnete Männer gesehen hatte, dass die Aufrührer Drohungen gegen das Schloss ausgestoßen hatten. »Noch bevor die Nacht zu Ende ist, werden schreckliche Dinge geschehen. Um Himmels willen, lass endlich anspannen, damit Mademoiselle …«

»Und du, mein Bürschchen, wartest hinter der nächsten Ecke, was? Nein, nein, kommt gar nicht in Frage.«

Ein weiterer Diener kam herangeschlendert, um unserer Unterhaltung zuzuhören. Er stieß dem Wachposten in die Seite und lachte roh. »Schlaues Bürschchen, was? Erzählt uns Lügengeschichten, um mit der Mademoiselle durchbrennen zu können – und das auch noch mit einer Kutsche des Marquis. Gut ausgedacht.« Sie brachen in schallendes Gelächter aus.

»Du kannst ganz beruhigt sein. Mademoiselle ist hier absolut sicher«, versicherte mir der Wachposten in spöttischem Ton, nachdem er sich von seinem Lachanfall erholt hatte. »Wir werden einfach die Tore schließen, wird sowieso langsam Zeit.«

Ich versuchte, mich an ihnen vorbeizudrängeln, hatte aber kein Glück, weil auf ihr Rufen hin ein weiterer Mann, ein Stallbursche, angerannt kam. Sie packten mich und schleuderten mich so brutal auf die Straße, dass ich auf Händen und Knien landete. Als ich mich wieder aufgerappelt hatte, sah ich gerade noch, wie sich die alten Tore langsam schlossen.

Der Wachposten warf mir eine letzte höhnische Bemerkung zu: »Mach, dass du wegkommst. Hier kommt heute Abend niemand rein, am allerwenigsten du.«

»Ihr Idioten!«, brüllte ich. »Habt ihr nicht gehört, was in Paris passiert ist? Selbst die Bastille …«

Als ich merkte, dass meine Zuhörerschaft nur noch aus massiven Holzplanken und eisernen Beschlägen bestand, gab ich es auf.

Morsac war, das hatte ich bei meinem ersten Besuch gesehen, nur dem Schein nach eine Festung. Die Seite des Schlosses, die zum Fluss und zur Stadt hin lag, hätte Angreifern ohne Kanonen, Sturmleitern oder andere Belagerungsgeräte ohne weiteres standhalten können. Wer aber in das Schloss hineinwollte und ortskundig genug war, konnte mühelos von der Rückseite her eindringen, denn dort hatte man den Schlossgraben trockengelegt und die Wehrgänge in Flanierwege umgewandelt oder einfach abgerissen, um einen ungehinderten Blick auf das Hirschgehege zu haben.

Ich war bestimmt nicht der Einzige, der diesen Weg kannte, konnte aber mit einem bisschen Glück der Erste sein.

Um auf die Rückseite des Schlosses zu gelangen, musste ich zunächst wieder auf die andere Flussseite, um eine weitere Brücke, eine halbe Meile stromabwärts, benutzen zu können. Es wurde langsam dunkel. Als ich mich vom Schloss abwandte, brannten in den Häusern der Stadt bereits Lichter, deren gelber Schein sich im schwarzen Wasser des Flusses spiegelte. Einige der Lichter bewegten sich hin und her. Als ich das andere Flussufer erreicht hatte, sah ich, dass es Männer mit Fackeln waren, die wohl eine Art Versammlung abhielten. Ein Redner war auf einen Karren gestiegen und hielt eine lautstarke Rede. Das Licht der Fackeln fiel auf Knüppel, Äxte und andere Dinge, die sich als Waffen benutzen ließen.

Irgendjemand schlug eine Trommel. Ich hatte diesen Ton in Paris gehört. Der Ton einer Trommel hat etwas Schreckliches an sich. Er beschleunigt den Puls, zwingt die Menschen zu marschieren und schweißt sie zu einer Masse zusammen.

Gott sei Dank musste ich mich der Versammlung nicht weiter nähern, sondern brauchte nur am Ufer auf der Rückseite der Häuser entlangzuschleichen, wo ich durch hohes, taunasses Gras stolperte und über Kehrichthaufen und umgedrehte Boote kletterte. Endlich erreichte ich die untere Brücke. Nach einer anstrengenden weiteren halben Stunde, in der ich über den Zaun des Hirschgeheges und zahlreiche Mauern klettern musste, stand ich dann mitten auf dem Innenhof des Schlosses, wo ich mich zwei Problemen gegenübersah: Erstens musste ich vermeiden, von den Schlossbediensteten erkannt zu werden, und zweitens musste ich Pauline finden.

Unerkannt zu bleiben war nicht so schwierig, weil es inzwischen Nacht geworden war. Im Innenhof war es stockdunkel, nur da und dort fiel aus einer Tür, einem Fenster oder von einer an der Mauer hängenden Laterne ein wenig Licht in die Schwärze.

Überall liefen Diener herum, wie aufgescheuchte Ameisen. Um mich kümmerte sich niemand. Satzfetzen flogen hin und her.

»Im Arsenal …«

»Hunderte von ihnen …«

»Ein paar Schüsse über die Köpfe hinweg …«

»Wie die Verrückten …«

Aus der Ferne hörte ich das Gebrüll einer riesigen Menschenmenge, das durch die dazwischenliegenden Mauern und Gebäude gedämpft wurde. Offensichtlich hatten sich die Dinge während meines Umwegs zur Rückseite des Schlosses rasant entwickelt. Die Menge war über die Brücke marschiert und versuchte jetzt, das Schlosstor einzuschlagen. Im Dunkeln stehend beobachtete ich ein oder zwei Dutzend Diener, die aus dem Arsenal gelaufen kamen. Das Licht der Laternen brach sich auf den Läufen ihrer Gewehre. Sie verschwanden durch den Torweg, der in den äußeren Hof führte.

»Narren«, murmelte ich vor mich hin.

Die Zeiten, als man eine aufgebrachte Menge durch »ein paar Schüsse über die Köpfe hinweg« oder durch einige bewaffnete Stallburschen auf den Wehrgängen in Schach halten konnte, waren vorbei. Und falls man tiefer zielen und jemanden verletzen sollte, würde alles nur noch schlimmer werden. Blut war genau das, was die Menge in die richtige Stimmung für ein Massaker versetzen würde.

Ich musste schnellstens Pauline finden und sie aus dem Schloss schaffen.

Und plötzlich hatte ich die Lösung für mein zweites Problem, nämlich die Frage, wo sich Pauline befand.

Hoch über mir perlte Musik aus einem Fenster, silbrig hell und klar wie ein Bach im Frühling. Jemand spielte Spinett. Ich erkannte Paulines Lieblingssonate. Es klang fröhlich und ausgelassen. Ein seltsamer Gegensatz: hier Mozart, dort das zornige Gebrüll der Massen.

Ich schaute hoch. Durch das Fenster des Musikzimmers fiel Licht. Es war das Fenster, an dem wir während unserer Sitzungen immer gesessen hatten. Ich atmete erleichtert auf, raste über den Schlosshof und stürmte die Wendeltreppe hinauf.

Sie war allein. Als ich hereinkam, hörte sie auf zu spielen. Sie schaute sich um, die Hände auf den Tasten, und starrte mich durch den langen, im Dämmerlicht liegenden Raum hinweg an. Sie selbst saß in einer Insel aus Kerzenlicht am anderen Ende des Zimmers. Die kleine zitternde Flamme spiegelte sich auf dem blank polierten Boden, der uns trennte.

»Wer um alles in der Welt ...«, begann sie. »Wie können Sie es wagen!«

»Ich bin's nur.« Ich rannte zu ihr. Sie sprang auf, um mir entgegenzulaufen.

»Du bist in Sicherheit? Du bist entkommen?« Ihre Augen strahlten vor Freude.

»Du bist nicht ganz auf dem Laufenden«, sagte ich locker. »Du bist es nämlich, die gerettet werden muss.«

»Gerettet?«

»Haben sie dir nichts gesagt? Hör dir das an.«

Das Gebrüll der Menschenmenge drang nur sehr gedämpft in diesen Gebäudeteil. Klar, dass Pauline es bis jetzt nicht mitbekommen hatte, ihr Spiel hatte es übertönt.

»Pierre! Was ist passiert?«

»Die Bewohner von Morsac haben sich erhoben. Sie wollen in das Schloss eindringen und alle Unterlagen verbrennen – die Pachtverträge, die Aufzeichnungen über Gebühren, die sie deinem Onkel schulden, all das.«

»Lass sie doch! Es ist ihr gutes Recht.«

»Dabei wird es nicht bleiben, Pauline. Ihr ganzes Leben lang haben sie dieses Schloss gehasst. Das Schloss ist ein Symbol für alle ihre Leiden.«

»Was könnten sie denn vorhaben?«

»Heute Nacht ist alles möglich«, sagte ich grimmig. »Unter den Menschen da draußen sind einige wilde Gesellen.«

»Was war das? Sind da nicht gerade Schüsse gefallen?«

Das Krachen einer Salve drang durch die Nachtluft, und das Gemurmel der Menge schwoll zu einem wütenden Gebrüll an. »Das habe ich befürchtet«, sagte ich.

»Was hast du befürchtet?«

»Dass sie glauben, das Schloss mit Pistolen und Jagdgewehren halten zu können, aber das ist unmöglich. Es stachelt die Leute erst richtig an, das Schloss zu stürmen.«

»Und wenn es ihnen gelingt?«

»Der Himmel sei denen gnädig, die ihnen dann über den Weg laufen«, sagte ich. »Besonders wenn dieser Jemand wie ein Angehöriger der Adelsklasse aussieht.«

Vielleicht lag es nur am Kerzenlicht, aber mir schien, sie wurde einen Ton blasser.

»Es ist nicht meine Schuld, dass ich hier bin«, sagte sie. »Außerdem bin ich doch auf ihrer Seite …«

Ich unterbrach sie. »Aber diese Leute werden sich nicht die Zeit nehmen, dich nach deinen politischen Ansichten zu fragen. Du lebst hier, bist elegant gekleidet und frisiert, das reicht!«

»Pierre, wenn diese Männer ins Schloss gelangen …«

»Sie haben es bereits geschafft! Hör nur!«

Die Dinge hatten sich schneller entwickelt, als ich erwartet hatte. Was genau passiert war, wussten wir nicht. Vielleicht hatten die Diener das Tor geöffnet, vielleicht waren aber auch einige der Belagerer auf anderen Wegen ins Schloss gelangt. Jedenfalls waren sie da. Im äußeren Schlosshof herrschte ein wahnsinniger Tumult – Schreie, Gebrüll, das Krachen von Gewehren. Dann klapperten eilige Schritte über das Pflaster unter unserem Fenster.

»Ich glaube, es ist besser, wenn ich mich verstecke«, flüsterte Pauline ängstlich.

»Lieber nicht, sie werden das Schloss in Brand setzen.«

»Aber wo können wir hin?«

»Nach draußen, dann durch die Gärten und das Hirschgehege. So bin ich hergekommen.«

Ich nahm ihren Arm und schob sie zur Tür. Bevor wir sie erreicht hatten, hörten wir von der Galerie her laute Schritte. Die Holzpantinen von Bauern! Möbel gingen splitternd zu Bruch. Raue Stimmen brüllten.

»Vielleicht hier!«

»Da ist Licht. Schaut nach!«

Der Türknopf bewegte sich. Ohne lange zu überlegen, drehte ich den Schlüssel um, gerade noch rechtzeitig. Jemand rüttelte grob an der Tür. Die Stimmen wurden immer wütender.

»Da ist jemand drin!«

»Sie haben sich eingeschlossen!«

»Das haben wir schnell!«

Ich biss mir auf die Lippe. Ich hatte alles nur noch schlimmer gemacht. Es wäre besser gewesen, sie einfach reinzulassen. Ich ließ Paulines Arm los, schob sie hinter mich und zog meine beiden Pistolen. Wenn die Tür nachgab, konnte ich uns damit die Kerle vielleicht vom Leib halten. Es kam ganz darauf an, wie viele von ihnen da draußen waren.

Die Tür zitterte und splitterte. Plötzlich flogen beide Flügel krachend auf. Der Eingang füllte sich mit wüsten Gestalten.

»Zurück!«, brüllte ich. »Ich werde den Ersten, der es wagt, das Zimmer zu betreten, auf der Stelle erschießen!«

»Tatsächlich, kleiner Bruder?«

Auf der Türschwelle stand Jean, die Axt in der Hand, und grinste mich an. Ich sah, dass die Klinge nicht mehr sauber und grau war, sondern blutbespritzt. Auch auf seinem Hemd waren Blutspritzer zu sehen.

Wir standen da und starrten uns an. Ich hielt meine beiden Pistolen auf ihn gerichtet. Ich werde diesen Augenblick nie vergessen. Er kam mir endlos vor. Noch immer sehe ich das bleiche Kerzenlicht auf den blank polierten Pistolenläufen und die Knöchel meiner erhobenen Daumen vor mir.

»Geh langsam zurück!«, zischte mir Pauline ins Ohr. In ihrer Stimme lag ein gebieterischer Ton, den ich nie zuvor von ihr gehört hatte. Mechanisch gehorchte ich.

Jean und die anderen starrten uns von der Tür aus an. Ich glaube, selbst Jean war sich nicht absolut sicher, dass ich nicht schießen würde. Ich selbst war mir ebenfalls nicht sicher. Bis heute weiß ich nicht, ob ich tatsächlich geschossen hätte.

Ich ging sechs Schritte rückwärts, ohne Jean aus den Augen zu lassen. Hier, im Herzen des Schlosses, war es merkwürdig still. Draußen war die Hölle los. Außer dem Gebrüll war jetzt das Knattern von Gewehren zu hören. Auf den Wänden des Musikzimmers flackerte ein neues, rötlich gelbes Licht, das durch das Fenster hinter mir in den Raum fiel. Aber hier, im Musikzimmer selbst, war es still, sehr still.

Plötzlich hörte ich hinter mir ein leises Klicken und das Surren eines Mechanismus. Pauline drückte meinen Arm. »Jetzt, Pierre! Hier entlang!«

Sie zog mich sanft, aber bestimmt zur Seite. Hätte sie mich gepackt oder gestoßen, dann wären die Pistolen vielleicht losgegangen und die Männer hätten sich auf uns gestürzt, bevor wir entkommen konnten. So aber bekamen sie erst mit, was passiert war, als wir schon fast verschwunden waren. Dort, wo noch eben der Kamin gestanden hatte, tat sich jetzt eine gähnende Öffnung auf, und ehe ich begriff, was das zu bedeuten hatte, wurde ich von Pauline hindurchgezogen. Dann hörte ich ein weiteres Klicken, das erneute Surren eines Mechanismus und den Schluchzer der Erleichterung, den Pauline von sich gab, als die Masse aus Marmor und Gold in ihre ursprüngliche Position zurückschwang.

Aber wir waren noch nicht in Sicherheit, sondern standen im Nebenzimmer, der Bibliothek des Marquis, die bis auf das schreckliche rote Glühen, das von draußen auf die Wände fiel, dunkel war. Wir hatten nur ein wenig Zeit gewonnen, mehr nicht.

Durch die Fenster konnten wir nicht entkommen, dafür lagen sie zu hoch über dem Schlosshof. Wir hätten uns auf den Pflastersteinen zu Tode gestürzt.

»Gibt es noch eine andere Treppe?«, keuchte ich.

»Hier nicht.«

»Dann müssen wir das Risiko eingehen.«

Bis jetzt hatten nur Jean und sein kleiner Trupp diesen Teil des Schlosses erreicht. Aber es würde sicher nicht mehr lange dauern, bis immer mehr Aufrührer den Weg hierher fanden und systematisch die Zimmer durchsuchten. Wir mussten die Tatsache ausnutzen, dass Jean und seine Bande im Musikzimmer mit dem Rätsel unseres Verschwindens beschäftigt waren.

Die lange Galerie war leer. Hier und dort lagen zertrümmerte Stühle und abgerissene Wandteppiche. Wir rasten an der offenen Tür des Musikzimmers vorbei und erreichten ungesehen das Treppenpodest. Auf der obersten Stufe ergriff Pauline meinen Arm und hielt mich zurück. »Warte! Da kommt jemand.«

Sie hatte Recht. Aus dem dunklen Treppenhaus drangen Stimmen und das Geklapper von Holzpantinen herauf.

Einige der Männer hatten wohl Fackeln dabei, denn wir konnten den Feuerschein sehen, der den Männern voran die Treppe hinaufkroch. Allerdings konnte ich nicht erkennen, auf welcher der beiden ineinander verschränkten Wendeltreppen sich die Männer befanden. Ich war wie gelähmt.

»Wir müssen da hinunter«, keuchte Pauline. »Das ist unsere einzige Chance.«

Sie wählte die zweite Treppe und zog mich hinter sich her. Wir sprangen die Stufen hinunter, immer gewahr, dass uns hinter der nächsten Windung eine lärmende Horde entgegenkommen konnte.

Aber wir hatten Glück. Eine Minute später standen wir im Schlosshof. Ich zog Pauline in einen Türeingang. Überall liefen Menschen herum, ihre Schatten tanzten im Schein der Flammen grotesk über die Wände. Die Rauchschwaden, die der Wind über den Hof trieb, ließen unsere Augen brennen.

»Hör auf damit! Was ist denn in dich gefahren?«, sagte Pauline empört.

»Deine Frisur, du bist viel zu elegant frisiert.«

Ich fuhr mit den Fingern in ihre Haare. Kann sein, dass ich es ein wenig grob und ungeschickt tat, aber als ich mit ihr fertig war, konnte man sie nicht mehr auf den ersten Blick für die Nichte eines Marquis halten. Sie begriff schnell und raffte ihr langes Kleid. Ich legte ihr meine Jacke über die Schultern. In Hemdsärmeln sah ich schon eher wie jemand aus der Menge aus.

Keiner hielt uns auf. Wir rannten durch die Gärten und kletterten über den Zaun des Hirschgeheges. Das Schloss brannte mittlerweile lichterloh, sodass wir genau sehen konnten, wohin wir liefen.

Wir blieben stehen und warfen einen letzten Blick auf die berühmte Silhouette mit ihren zahlreichen Rundtürmchen. Weder wir noch sonst jemand würde sie jemals wieder zu Gesicht bekommen.

16 Madame bleibt hart

»Wie friedlich«, gähnte Pauline. »Hier könnte ich es für den Rest meines Lebens aushalten.«

Sie hatte es sich auf dem Rasen oberhalb des Weihers bequem gemacht. Das Haus hinter uns lag im sanften Licht der Nachmittagssonne, das die weißen Fassaden mit einem zarten Goldton überzog. Eine leichte Brise kräuselte das Wasser und sorgte für frische Luft, in die sich der Duft des frisch gemähten Grases mischte. Selbst wenn Madame nicht zu Hause war, hielt der Gärtner das Anwesen sorgfältig in Ordnung.

In dieser heiteren Stille, umrahmt von grünen Wäldern, fiel es schwer, sich die rauchgeschwärzten Mauern von Morsac vorzustellen und an all die Dinge zu denken, die wenige Meilen von hier geschehen waren. Manchmal fragte ich mich, ob das Ganze nicht einfach nur ein schlimmer Alptraum gewesen war. Hier, am Weiher, umgeben von einer silbernen Kaffeekanne und kleinen Kuchen, von weichen Kissen, meinem Skizzenblock und Pauline, die ein Buch las, kam ich mir vor wie in einer anderen Welt, in der es solche Ereignisse gar nicht geben konnte.

Wir waren jetzt seit ungefähr zwei Wochen hier. Nach der Flucht aus dem Schloss hatte es nahe gelegen, hierher zu gehen. Zu uns nach Hause hätte ich Pauline nicht mitnehmen können, weil wir dort meinem Bruder in die Arme gelaufen wären. Was dann passiert wäre, wollte ich mir gar nicht ausmalen. Von Morsac nach Aulard war es ungefähr genauso weit wie von Morsac nach Valaire. Wir waren wie zwei Vogelscheuchen hier aufgetaucht, trotzdem hatte uns die Dienerschaft mit offenen Armen aufgenommen.

»Ja«, wiederholte Pauline zufrieden, »hier könnte ich den Rest meines Lebens verbringen.«

»Ich fürchte, das wird nicht gehen«, sagte ich. »Hör dir das an.« Ich las ihr aus einem Brief von Madame vor, der gerade eingetroffen war.

»Es war richtig von dir, nach Aulard zu gehen, und die junge Dame ist natürlich in meinem kleinen Haus herzlich willkommen, bis sie sich von dem Schock der Erlebnisse erholt hat …«

»Ich bin munter wie ein Fisch im Wasser«, warf Pauline ein. »Die paar Kratzer und Blasen sind längst vergessen.«

»Warte«, sagte ich. *»Da aber in Aulard außer der Dienerschaft keine Anstandsdame ist, kann sie unmöglich dort bleiben. Es ist meine Pflicht, wenn schon nicht gegenüber ihrem schurkischen Onkel und dieser schrecklichen Tante …«*

»Ich bin sicher, dass diese Passage nicht für meine Ohren bestimmt ist, aber sie gefällt mir ausgesprochen gut, und ich stimme deiner Tante aus vollem Herzen zu.«

»… so doch Mademoiselle Pauline gegenüber. Da ich nicht weiß, ob sie noch andere Verwandte hat …«

»Hat sie nicht …«

»… oder mit ihrem Onkel in England Kontakt aufnehmen kann …«

»Will sie nicht …«

»... halte ich es für das Beste, wenn du sie zu mir nach Paris bringst, denn ich habe nicht die Absicht, mich in den Wäldern von Aulard zu vergraben, während über das Schicksal Frankreichs entschieden wird.«

»Paris?« Pauline klang interessiert. »Nicht Versailles?«

»Nein.« Ich las noch schnell den Rest des Briefes. Madame teilte mir mit, dass Paris zur Zeit viel interessanter sei als Versailles. Sie war in ihre alte Wohnung in den Tuilerien umgezogen, die Platz genug für uns alle bot. Ihre alte Freundin, die Opernsängerin, war ausgezogen und, wie so viele andere auch, ins Ausland gegangen.

»Es heißt«, schrieb Madame weiter, *»dass seit dem vierzehnten Juli zweihunderttausend neue Pässe ausgestellt worden sind. Hier wimmelt es von stellungslosen Bediensteten, deren Herrschaften sich in Sicherheit gebracht haben. Was mich angeht, so könnte mich nichts und niemand dazu bringen, Frankreich in diesem faszinierenden Augenblick seiner Geschichte zu verlassen.«*

»Na gut«, sagte Pauline achselzuckend, »dann eben Paris.« Sie lächelte verschmitzt. »Madame hat natürlich Recht, wir müssen unter allen Umständen auf Anstand achten.«

Und so fand ich mich wenige Tage später in Paris wieder, in den Tuilerien, dem alten Palast der Katharina von Medici am Seineufer.

»Nun, meine Liebe, lerne ich Sie endlich ganz offiziell kennen, obwohl ich das Gefühl habe, dass wir schon seit langem miteinander bekannt sind. Sie haben schlimme Zeiten hinter sich.«

»Pierre hat mir das Leben gerettet, Madame ...«

»Genau genommen«, warf ich ein, »hat Pauline mir das Leben gerettet.«

»Wie das?«, fragte Madame, die für ungewöhnliche und spannende Geschichten jederzeit zu haben war.

Ich erzählte ihr von der Geheimtür und dem drehbaren Kamin. »Ich wusste überhaupt nichts davon.«

»Aber ich«, sagte Pauline lachend. »Seit jenem schrecklichen Tag, als mein Onkel plötzlich wie aus dem Nichts vor uns stand, hat es mir keine Ruhe gelassen, bis ich endlich den kleinen Knopf gefunden hatte, mit dem man den Mechanismus in Gang setzen kann. Ich hätte allerdings nicht gedacht, wie nützlich sich das noch einmal erweisen würde.«

»Ich mag neugierige junge Mädchen«, sagte Madame schmunzelnd. »Wie ich sehe, könnt ihr euch also gegenseitig die Ehre zubilligen. Jeder hat das Leben des anderen gerettet.«

»Und jetzt sind wir sicher und gesund in Paris«, fügte ich ausgelassen hinzu.

Ihr Gesicht bewölkte sich. »Ihr seid in Paris«, sagte sie, »das stimmt. Aber Paris ist in diesen Tagen alles andere als ein sicherer Ort.«

Ohne dass ich nachfragen musste, was sie meinte, schilderte sie uns die Lage. Außerhalb der Mauern der Tuilerien brodelte es gefährlich. Die Schlangen vor den Bäckereien waren länger als je zuvor. Wenn Madames Köchin zum Einkaufen auf den Markt ging, war sie stundenlang unterwegs. Die neue Ernte war zwar gut gewesen und hatte nach der letztjährigen Missernte für ein wenig Entspannung gesorgt, trotzdem herrschte in Paris nach wie vor eine schreckliche Lebensmittelknappheit. Die üblichen Lieferungen aus den ländlichen Bezirken blieben aus. Die Bauern zogen es angesichts der unsicheren Lage vor, ihr Korn für sich zu behalten.

»Ich habe gehört, dass die neue Regierung Nahrungsmittel aus dem Ausland importieren will«, erzählte Madame. »Sie versuchen es überall – in Deutschland, Flandern, Italien, Sizilien, England. Aber keiner weiß, ob die Lieferungen rechtzeitig eintreffen werden.«

»Glauben Sie, es könnte in Paris zu einer Hungersnot kommen?« fragte Pauline.

»Nein. Die Pariser werden sich schon etwas einfallen lassen. Keinesfalls werden sie sich tatenlos in die Gosse legen und einfach sterben. Es wird weitere Gewalttätigkeiten geben.«

Auf den Straßen wimmelte es bereits von bewaffneten Patrouillen. Überall war die neue Uniform der Nationalgarde zu sehen. Deren Oberbefehlshaber Lafayette war fest entschlossen, die öffentliche Ordnung aufrechtzuerhalten, was aber angesichts der wachsenden Unruhe, der Streiks und Protestversammlungen keine einfache Aufgabe war.

»Lafayette versucht, den Tiger zu reiten«, sagte Madame. Man konnte ihrem Gesicht ansehen, welche Erfolgschancen sie ihm dabei einräumte. »Ich mag diesen jungen Mann. Allerdings fürchte ich, dass eine stärkere Persönlichkeit erforderlich wäre, um die Dinge in den Griff zu bekommen. Frankreich ist nicht Amerika, und Lafayette ist nicht Washington.« Sie seufzte. »Ein Mann mit dem Verstand eines Mirabeau und dem Ansehen eines Lafayette würde es vielleicht schaffen. Aber wer kann das schon sagen? Die Zukunft war noch nie so ungewiss.«

Irgendwie tat mir Madame Leid. Da erlebte sie endlich die Revolution, auf die sie so viele Jahre gewartet hatte, und nun schien sie den Glauben an deren Sieg verloren zu haben. Ich spürte, dass sie sich alt und müde fühlte. Aber Frankreich war einen neuen Weg gegangen, jetzt gab es kein Zurück mehr. Ich hoffte nur, dass Madame noch lange genug leben würde, um die neue Welt, von der sie geträumt hatte, entstehen zu sehen.

Für Pauline und mich sahen die Dinge anders aus. Wir waren jung, wir hatten unser Leben noch vor uns, wir genossen es, in einer Stadt zu leben, die von fiebriger Anspannung erfüllt war, einer Stadt, in der alles möglich war.

Nach England zu gehen und ihren Onkel und ihre Tante zu suchen kam für Pauline überhaupt nicht in Frage. »Sie haben mich schließlich im Stich gelassen. Warum sollte ich ihnen jetzt nachlaufen? Kein Wort habe ich von ihnen gehört, ich habe nicht einmal eine Anschrift.«

»Ich kann Sie gut verstehen, mein Kind. Allerdings sind die meisten Postwege natürlich unterbrochen, außerdem hätten sie Ihnen nur nach Morsac schreiben können. Schließlich wissen Ihre Verwandten nicht, dass Sie bei mir sind.«

»O bitte, Madame, bitte erzählen Sie ihnen nichts davon.«

Madame zuckte mit den Schultern. »Wie Sie wollen. Außerdem weiß ich ja selbst nicht, wo sie sich zur Zeit aufhalten. Einen französischen Marquis in England aufzuspüren, dürfte jedoch nicht allzu schwer sein. Ich habe in London viele Freunde und unser Botschafter würde mir bestimmt helfen.«

»Mein Onkel ist für mich gestorben«, erklärte Pauline kategorisch und reckte entschlossen das Kinn vor. »Ich will ihn nie wieder sehen!«

»Sie sind noch sehr jung. Ich fühle mich für Sie verantwortlich. Selbst wenn Sie nicht zu Ihrem Onkel möchten, würden Sie dann nicht doch lieber nach England gehen? Ich habe dort viele Freunde, die Sie mit Sicherheit aufnehmen würden.«

»Ich möchte keine Almosen, ich habe schon viel zu viele angenommen.«

»Das wären keine Almosen, Dummchen. Sie könnten in einer netten Familie als Gouvernante arbeiten. Das ließe sich jederzeit arrangieren. Sie haben doch gesagt, dass Sie ein wenig Englisch können, warum also ...«

»Ich kann meinen Lebensunterhalt hier in Paris verdienen, Madame.«

»Als Gouvernante? Alle wohlhabenden Familien haben sich wie die Ratten davongemacht.«

»Es ist mir gleichgültig, als was ich arbeite. Ich bin nicht stolz«, sagte Pauline störrisch. »Ich kann nähen, sticken ...«

Madames Geduld war am Ende. »In Paris gibt es Tausende junger Frauen, die das können. Und die sind ebenfalls ohne Beschäftigung. Die Luxusgewerbe liegen am Boden. Schneiderinnen, Friseusen, Kammermädchen – sie alle wissen weder ein noch aus. Die Preise steigen unaufhörlich, Brot wird immer knapper und von Tag zu Tag ungenießbarer. Weiß der Himmel, was sie in das Mehl mischen. Kein Wunder, dass die Leute schon nicht mehr ›Brot‹ dazu sagen, sondern ›Pariser Gips‹.« Als ihr neue Argumente einfielen, wütete sie weiter. Schließlich unterbrach sie sich, um Atem zu holen.

Pauline nutzte die Pause und fragte sanft: »Wenn die Dinge hier so schrecklich sind, warum gehen Sie dann nicht selbst nach England?«

Madame starrte Pauline zuerst wütend und ungläubig an, dann brach sie – zu meiner Erleichterung – in brüllendes Gelächter aus.

»Sie sind eine schlaue junge Dame. Ja, warum gehe ich nicht nach England? Weil mir Berthe und die anderen Bediensteten dauernd damit in den Ohren liegen und ich einfach nicht nachgeben möchte. Weil es ›vernünftig‹ wäre – und ich noch nie in meinem Leben vernünftig war. Weil ich eine neugierige alte Frau bin und sehen will, was passiert. Weil ich Französin bin und keine Ratte. Weil, weil, weil!«

»Und warum sollte ich dann gehen, Madame?«

»Weil Sie eine junge Dame aus gutem Hause sind, weil Sie eine gute Erziehung genossen haben, weil Sie beschützt werden müssen, bis sich die Dinge beruhigt haben und Sie mit einem geeigneten Ehemann vermählt werden können.«

»Es tut mir Leid, wenn ich Sie enttäusche, Madame, aber …«

Madame unterbrach sie. Lächelnd beugte sie sich vor und tätschelte ihr die Wange. »Sie enttäuschen mich nicht, mein Kind. Ich habe das alles nur gesagt, um mein Gewissen zu beruhigen. Ich habe getan, was ich konnte, und Ihnen eine Chance gegeben, mehr kann auch Ihr Onkel nicht von mir erwarten. Bleiben Sie in Paris, wie es sich für eine Patriotin gehört. Wir werden das alles schon irgendwie schaffen. Ich wäre enttäuscht gewesen, wenn Sie uns verlassen hätten.«

Der September war schon fast zu Ende und der Herbst stand vor der Tür. Die Blätter in den Gärten der Tuilerien und des nahe gelegenen Palais Royal färbten sich rot und gelb.

Pauline und ich liebten das Palais Royal, weil es ein Treffpunkt interessanter Leute war. Das Palais gehörte dem Duc d'Orléans, der aber viele Räumlichkeiten an Cafés und Läden vermietet hatte. Hier konnte man alle bekannten Politiker, Journalisten, Rechtsanwälte und Dichter sehen. Sie saßen an den Tischen, umringt von einer Schar von Bewunderern, die jedes ihrer Worte begierig aufnahmen. Auch einige Buchhändler hatten hier ihre aus allen Nähten platzenden Läden. Jeder hatte etwas zu sagen, jeder hatte einen Plan für das neue Frankreich, jeder wusste einen Skandal zu berichten, hatte eine Sache zu verfechten. In diesem September war Paris trunken, nicht von Wein oder Blut, sondern von Druckerschwärze.

Die Tuilerien, die nur eine oder zwei Straßen entfernt lagen, waren dagegen eine Oase der Ruhe. Sicher, in den ineinander geschachtelten Gebäuden, die wieder und wieder unterteilt worden waren, wimmelte es von Menschen. Aber die Tuilerien lagen hinter Mauern, wurden im Süden von der Seine und im Norden von einer ruhigen Straße, im Westen von den weitläufigen Champs Elysées und im Osten durch das massige Gebäude des alten Louvre begrenzt. Und so konnte man hier die hektische Geschäftigkeit der Stadt vergessen.

Madame allerdings schaffte es, selbst hier für Leben zu sorgen. Sie hielt in ihrer schäbigen Wohnung Hof, wie sie es im Hotel in Versailles und in jenen glanzvollen

Tagen in Paris getan hatte, an die Berthe so sehnsüchtig zurückdachte.

Monsieur Legrand kam jetzt nicht mehr so häufig. Wie den anderen Deputierten, so ließ auch ihm die Arbeit in der Nationalversammlung wenig Zeit für Besuche. Aber Madame hatte zahllose andere Freunde, alte und neue, die nicht Mitglied der Nationalversammlung waren. Sie zog die merkwürdigsten Vögel an, denn jeder, der Neuigkeiten zu berichten hatte, war ihr willkommen. Ich erinnere mich besonders an Dr. Marat, einen bekannten Mediziner, der sich jetzt dem Journalismus verschrieben hatte. Er hatte gerade eine Zeitung gegründet, die *L'Ami du Peuple*, in der er so ziemlich jeden heftig attackierte, von Necker bis Lafayette.

Obwohl die politischen Auseinandersetzungen an Schärfe zunahmen, obwohl der ›Gips von Paris‹ wie Stein in unseren Mägen lag und ungeachtet des allgemeinen Gefühls, auf einem Vulkan zu leben, der jeden Augenblick ausbrechen konnte, genossen wir Paris.

Am fünften Oktober dann – es war ein Montag – brach der Vulkan aus.

Seit Tagen war das Gemurmel aus den Brotschlangen zorniger geworden und die Gerüchte, die aus Versailles kamen, Besorgnis erregender. Die Königin und ihre Partei hatten offenbar immer noch die Absicht, die Macht mit Gewalt an sich zu reißen. Der König hatte das flandrische Regiment von Douai gerufen, die königliche Leibgarde hatte zu Ehren der Offiziere dieses Regiments ein Bankett veranstaltet. Auf diesem Bankett habe sich Marie-Antoinette sehen lassen, charmant wie immer, und sie habe Kokarden ausgeteilt, aber nicht in den Farben der Revolution, also rot-weiß-blau, sondern in der Farbe des Königshauses – weiß. Sogar schwarze Kokarden seien aufgetaucht. Schwarz für das österreichische Heimatland der Königin. Das Weiß der Bourbonen war wenigstens noch eine französische Farbe! Und was das Schlimmste war: Im Laufe des Abends, so hieß es, sei die nationale Kokarde mit Füßen getreten und beleidigt worden.

In den Diskussionsrunden in den Cafés gab es immer mehr Stimmen, die behaupteten, die Nationalversammlung lasse sich zum Narren machen. Eines Morgens würden die Deputierten aufwachen und feststellen, dass der König alle seine Versprechungen für nichtig erklärt hatte, dass die Armee wieder die Kontrolle übernommen hatte und dass sie selbst inhaftiert waren. Es wäre besser, wenn Lafayette seine Nationalgarde nicht in den Straßen von Paris patrouillieren, sondern sie zum Schutz der Nationalversammlung nach Versailles marschieren ließe.

An diesem Montagmorgen kam die Köchin zu Madame hineingestürzt, auf den Armen das wenige, was sie hatte einkaufen können.

»Madame! Vor dem Rathaus spielen sich unglaubliche Szenen ab. Die Marktfrauen! Sie haben nach dem Bürgermeister und den Ratsherren verlangt, dann sind sie eingebrochen und haben sich alle Waffen geschnappt, die sie kriegen konnten. Sie wollen nach Versailles gehen, um mit dem König zu sprechen!«

Ich konnte mir ein Lachen nicht verkneifen. Madame fuhr herum und blaffte mich an: »Lach nur, du überheblicher Bengel! Wäre ich noch jung, ich würde mich ihnen anschließen, ja, ich würde mich an die Spitze des Zuges setzen!«

Ich schaute sie an und zweifelte nicht an ihren Worten. »Aber«, warf ich ein, »welchen Sinn hat es, wenn Frauen gegen die Schweizer Garde und das Flandrische Regiment marschieren?«

»Die werden es sich zweimal überlegen, bevor sie auf Frauen schießen.«

Ich war froh, dass Pauline gerade nicht zugegen war, sonst hätte Madame sie womöglich noch dazu gebracht, sich dem Zug anzuschließen. Und wenn das geschehen wäre, hätte ich ebenfalls mitgehen müssen, um sie zu beschützen. Die Vorstellung, an diesem grauen, regnerischen Morgen mit einer Horde schreiender, zerlumpter Weiber nach Versailles zu marschieren, sagte mir überhaupt nicht zu, obwohl ich mir andererseits sicher war, dass sie sowieso auf halbem Wege kehrtmachen würden.

In den folgenden Stunden kamen immer neue Berichte und Gerüchte. Die Frauen waren tatsächlich losmarschiert. In ungeordneten Haufen hatten sie sich von Paris aus zu Hunderten – manche behaupteten, zu Tausenden – auf den Weg gemacht. Sie hatten sich mit Stöcken und Mistgabeln, einige sogar mit Musketen und Piken bewaffnet. Elegant gekleidete Pariser Damen, selbst Damen aus der hohen Gesellschaft, hatten sich ihnen angeschlossen.

Gegen Mittag kochte Madame vor Wut darüber, dass sie nicht mitgegangen war. Wir machten ihr klar, dass der Zug inzwischen mehrere Meilen von Paris entfernt sein musste. Daraufhin wollte sie ihre Kutsche kommen lassen, um den Zug einzuholen. Ich sagte, das sei doch wohl Betrug den anderen gegenüber. Außerdem humpelten sie bestimmt längst in Zweier- und Dreiergruppen nach Paris zurück. Ich trug Jacques auf, er solle behaupten, eines der Pferde sei lahm.

Überall in der Stadt läuteten die Alarmglocken. Lokale Komitees traten eilig zu Sitzungen zusammen, der Stadtrat tagte ohne Unterbrechung, viele Ratsmitglieder verlangten, die Nationalgarde solle dem Beispiel der Frauen folgen und ebenfalls nach Versailles marschieren. Eine Krise lag in der Luft.

Am späten Nachmittag schickte mich Madame zum Palais Royal, um die neuesten Nachrichten zu erfragen. Ich traf einen Journalisten, mit dem Madame befreundet war.

»Die Nationalgarde ist tatsächlich hinmarschiert«, berichtete er. »Lafayette auf seinem weißen Pferd hat den Zug angeführt. Er wollte eigentlich gar nicht, die Leute haben ihn dazu gezwungen.«

Ich ging zu Madame zurück und berichtete ihr. In dieser Nacht blieben wir lange auf und fragten uns angstvoll, was sich wohl in Versailles abspielte, eine Farce oder eine Tragödie. Als wir aufwachten, waren wir begierig darauf, von den neuesten Entwicklungen zu hören. Es sollte aber noch mehrere Stunden dauern, bis wir Nachrichten erhielten. Zudem waren die ersten Meldungen widersprüchlich. Schüsse waren gefallen. Die Frauen hatten das Treppenhaus des Palastes erstürmt. Zwei Wachen waren getötet worden. Lafayette hatte die Königin auf den Balkon geführt und ihr vor der Menschenmenge die Hand geküsst. Er und die Königin waren mit lautem Jubel begrüßt worden.

Was sonst noch geschehen war, vermochte niemand zu sagen.

Im Laufe des Nachmittags klopfte es an die Tür.

Berthe führte einen gequält aussehenden Beamten herein.

»Es tut mir außerordentlich leid, Madame, aber ich muss Sie bitten, diese Räume frei zu machen.«

»Warum denn das?«

»Ihre Majestäten kommen heute Abend nach Paris. Sie residieren ab sofort hier in den Tuilerien.«

Madame lachte ungläubig. »Wie bitte? Nach hundert Jahren?«

»Ja, Madame. Und stellen Sie sich vor: Alles muss in fünf Minuten fertig sein!«

»Wofür braucht der König denn meine armseligen, kleinen Räume?«

»Die Hofbeamten und Bediensteten müssen untergebracht werden, Madame.« Mit einer Geste der Verzweiflung winkte er mit der langen Liste, die er in der Hand hielt. »Für alle hier soll ich Räume finden«, jammerte er. »Stallmeister und Gerichtsdiener, Ärzte und Apotheker, den königlichen Mundschenk und den königlichen Tellerwärmer, den deutschen Bäcker der Königin, den Verwalter des königlichen Eishauses …«

»Sie sollen woanders hingehen. Diese Suite gehört seit zwanzig Jahren mir. Glauben Sie im Ernst, ich würde für einen Tellerwärmer Platz machen? Soll er doch die königlichen Teller im königlichen Eishaus wärmen!«

»Ich habe meine Befehle. Ich bin wirklich untröstlich, Madame, aber …«

Schließlich kamen sie zu einer Übereinkunft. Madame erklärte sich gnädigerweise bereit, ihre Suite im Hauptgebäude aufzugeben. Als Ersatz würde sie Räume in einem schönen alten Haus auf der gegenüberliegenden Seite der Place du Carrousel bekommen. Der

Mann meinte, Madame werde ihm noch dankbar sein, dass sie nicht darauf bestanden habe zu bleiben.

Der Palast wirkte jetzt schon wie ein Ameisenhügel, auf den jemand getreten hatte. Trennwände wurden abgerissen; Türen, die seit Jahren verschlossen gewesen waren, wurden geöffnet; Möbel und Bilder wurden herumgeschleppt. Die bisherigen Bewohner rannten orientierungslos hin und her und versuchten, ihre Besitztümer in Sicherheit zu bringen. Aufgeregte Beamte starrten verzweifelt auf lange Listen und schrieben mit Kreide die aberwitzigen Titel einer überflüssig gewordenen Hofbürokratie an die Türen.

Später gingen Pauline und ich zusammen mit Madame aus, um an diesem grauen Oktobernachmittag die königliche Familie bei ihrem Einzug in Paris zu beobachten. Der König und die Königin waren blass, wirkten aber gefasst. Die Menge jubelte ihnen gut gelaunt zu und begrüßte den ›Bäcker, die Frau des Bäckers und den Sohn des Bäckers‹. Der ›Sohn des Bäckers‹ war natürlich der Thronfolger, der Dauphin.

So richtig laut wurde der Jubel aber erst, als die fünfzig Karren auftauchten, die hinter den königlichen Kutschen herrollten. Sie waren hochbeladen mit Korn, das die Frauen in Versailles erbeutet hatten und jetzt im Triumphzug nach Paris brachten.

17 Ein vertrautes Gesicht

»Ich habe die Nase voll von Politik«, stöhnte Pauline.

»Ich auch«, sagte ich.

»Da sieht man es wieder«, meinte Madame und drohte in gespielter Entrüstung mit dem Finger. »Wir Alten strampeln uns unser Leben lang ab und quälen uns, riskieren Leben und Freiheit, nur um eine Welt zu schaffen, die euch mehr bietet. Und dankt ihr es uns? Weit gefehlt. Ihr habt die Nase voll von Politik.«

»Aber, Madame«, protestierte Pauline, »jetzt ist doch alles geregelt. Ich habe nur gesagt, dass ich die Nase voll davon habe, weil die Leute immer noch diskutieren und diskutieren.«

»In der Politik ist nie alles geregelt. Alles ist ständig in Bewegung.«

Pauline verzog das Gesicht. Ich sagte: »Selbstverständlich haben Sie in gewisser Weise Recht, Madame, das wissen wir. Aber die Revolution ist vorüber, und niemand kann sie rückgängig machen, auch die Königin nicht. Natürlich muss sich die Nationalversammlung noch um viele Kleinigkeiten kümmern, aber Sie können nicht erwarten, dass sich Pauline für diese Dinge interessiert. Ich jedenfalls interessiere mich nicht dafür.«

»Diese ›Dinge‹ sind nun einmal sehr wichtig«, schnaubte Madame. »Also seid nicht eingeschnappt, wenn ich gelegentlich sage, dass ihr noch Kinder seid!«

Für Pauline und mich sah es wirklich so aus, als sei alles geregelt. Der König und die Königin waren in den Tuilerien, im Herzen des revolutionären Paris. Die Nationalversammlung war von Versailles nach Paris umgezogen und tagte einen Steinwurf entfernt in der Reitschule. Paris war endlich wieder die wahre Hauptstadt Frankreichs.

Natürlich gab es immer noch eine Fülle von Problemen. Aber die gute Ernte und die Lebensmittelimporte hatten uns vor dem Verhungern bewahrt, und die Regierung war gerade dabei, das finanzielle Chaos in Ordnung zu bringen. Frankreich hatte sich endlich die Freiheit erobert. Hier gab es inzwischen mehr wahlberechtigte Männer als in England. Die Frauen waren gleichberechtigt, hatten allerdings kein Wahlrecht – was Pauline nicht so sehr störte wie Madame. Es gab weder Leibeigene noch Feudalabgaben, das Land gehörte den Bauern. Die Adeligen stolzierten nicht mehr herum wie die Herren der Welt. Die Kirche wurde reformiert. Es gab Redefreiheit, die Zensur war abgeschafft worden, die *lettres de cachet* und die Bastille existierten nicht mehr.

Was wollten die Menschen denn noch mehr? Warum saßen Madame und ihre Freunde Nacht für Nacht da, tranken Kaffee und diskutierten schier endlos? Warum waren die Zeitungsartikel so kritisch?

Pauline bekam mehr davon mit als ich. Sie machte für verschiedene Verleger und Zeitungsredakteure, die zu Madames Freundeskreis gehörten, Übersetzungen aus dem Englischen. Bei fast allen Übersetzungen – Pamphlete, Times-Artikel und so weiter – ging es um Politik.

»Todlangweiliges Zeugs«, sagte Pauline. »Meistens

verstehe ich überhaupt nicht, worum es geht. Ich hoffe nur, die Leser verstehen es.«

Sie war – das versicherte mir Madame mehr als einmal – viel geschickter, als sie tat. Ihr Englisch war gut, außerdem konnte sie noch Latein. Wären ihre Übersetzungen nicht gut gewesen, die Aufträge wären längst jemand anderem erteilt worden. Die Bezahlung war schlecht, aber besser als überhaupt kein eigenes Einkommen. Immerhin war sie so nicht gezwungen, auf Madames Kosten zu leben. Was übrigens mittlerweile auch für mich galt. Ich verkaufte eine Menge kleiner Kreide- oder Schwarzweiß-Porträtzeichnungen – keine hoch bezahlten Auftragsarbeiten, sondern preiswerte kleine Bildchen, die ich an Bürgerliche verkaufte. Ein Verleger, für den Pauline arbeitete, nahm mir eine ganze Serie von Zeichnungen politischer Führer ab. Er ließ sie drucken und verkaufte mehrere tausend Stück davon. Es war nicht unbedingt das, wovon ich als Künstler immer geträumt hatte, aber in meinem Alter musste man froh sein, überhaupt ein Bild zu verkaufen. Ich dachte daran, wie lange Madame gebraucht hatte, bis sie berühmt genug war, um nur noch das zu malen, was ihr gefiel.

»Wie alt bist du denn?«, sagte sie. »Sechzehn? Schon siebzehn? Na gut, dann siebzehn. Was ist das für ein Alter? Du musst noch eine Menge lernen.«

Die Umgebung, in der ich lebte, war wie geschaffen zum Lernen. Während Pauline mit ihren Übersetzungen beschäftigt war, zogen Madame und ich Tag für Tag in jenen anderen Palast, der noch älter war als die Tuilerien, den Louvre. Hier hingen in langen Gängen Tausende von Bildern, die die Könige von Frankreich gesammelt hatten: italienische, spanische, holländische und auch französische Meisterwerke. Madame eilte von Bild zu Bild, aufgeregt wie ein Kind. Sie zeigte mir hier einen genialen Strich oder einen technischen Kniff, dort einen derben Fehler. In Aulard hatte ich nur Madames Methoden kennen gelernt und ein bisschen was über Chardin gehört. Jetzt sah ich zum ersten Mal in meinem Leben die großen Meister: Tizian, Raffael, van Dyck und andere.

Ich lauschte konzentriert auf ihre kritischen Anmerkungen zu den Bildern, und obwohl ich nicht immer ihrer Meinung war, lohnte es sich, ihr zuzuhören. Von Madame konnte man immer etwas lernen, und genau das wollte ich.

Manchmal ging ich auch ohne Madame in den Louvre, gelegentlich begleitet von Pauline, wenn sie mal frei hatte, meistens aber allein. Dann hatte ich Zeit, mir die Bilder etwas länger anzuschauen, einzelne Details zu studieren oder Kopien zu machen.

Im Herbst hielt die Akademie trotz der politischen Unruhen ihren Salon ab, eine regelmäßig stattfindende Ausstellung, auf der die neuesten Bilder der Akademiemitglieder gezeigt wurden. Die Türen wurden von Kunststudenten in der Uniform der Nationalgarde bewacht. Überall waren die Kokarden der Revolution zu sehen, in den Bildern allerdings, so meinte Madame, sei von dem neuen Geist wenig zu spüren. Und da hingen sie nun, drei- oder vierhundert Bilder, die ›eine Geschichte erzählten‹, eine Moral vermittelten oder Szenen des einfachen Lebens darstellten, gemalt von Männern, die ihr Atelier nicht eine Minute verlassen hatten, um das raue, von Gerüchen erfüllte Landleben so zu malen, wie es wirklich war.

»Es ist grundfalsch«, ereiferte sich Madame, »dass auf dem Salon nur Mitglieder ausstellen dürfen. Er müsste jedem Künstler und jeder Künstlerin offen stehen, die etwas Sehenswertes geschaffen haben. Ich werde mit meinen Freunden in der Nationalversammlung darüber sprechen. Im nächsten Jahr sollte man die Akademie zwingen, ihre Tore für jedermann zu öffnen.«

Wir hatten uns lange darüber unterhalten, ob ich mich als Student einschreiben solle oder nicht. Ich war zunächst dafür, weil ich begierig darauf war, mir jeden erreichbaren Krümel Wissen einzuverleiben. Madame war dagegen.

»An dieser Art von Krümeln kann man ersticken«, sagte sie. »Das Brot der Akademie ist wie dieses schreckliche Zeug, das man uns im letzten Sommer als Brot verkauft hat. Die Akademie hat starre Regeln und glaubt, man könne Bildern Noten geben wie Schulkindern: eine Note für die Komposition, eine für den Ausdruck, eine für dies oder das. Sie werden dir erzählen, dass alle technischen Probleme des Zeichnens und Malens gelöst seien und dass alle guten Studenten nach derselben Technik vorgehen müssten, immer und immer wieder. Bleib diesen Klassen fern, wenn du deine Seele retten willst.«

Das Problem war nur, dass man praktisch keine Chance hatte, in der Öffentlichkeit bekannt zu werden, geschweige denn ein Bild zu verkaufen, wenn man die Ansichten der Akademie nicht akzeptierte. Es gab eine kleine Galerie im *Hôtel Bullion*, wo eine Gesellschaft rivalisierender Künstler ihre Ausstellungen veranstaltete. Außerdem gab es eine Freiluftausstellung für junge Künstler, die einmal im Jahr ein paar Stunden lang auf der Place Dauphine zu sehen war. Alles andere hatte die Akademie unter Kontrolle.

»Mach dir nichts draus«, sagte Madame. »Sieh zu, dass du ein guter Künstler wirst. Wenn du erst alt genug bist, um dir über Ausstellungen den Kopf zu zerbrechen, werden wir die Diktatur dieser vertrockneten Kunstsaurier gebrochen haben. Die Regierung kann gar nicht anders, sie muss etwas unternehmen. Was hat es denn für einen Zweck, die Bastille zu stürmen, wenn die Türen des Salon jungen, talentierten Künstlern verschlossen bleiben? Aber glaub mir, auch das wird sich ändern.«

Und so vergingen die Monate. Zweimal fuhren wir zum Haus im Wald zurück und verbrachten dort ein paar faule Wochen in der grünen, friedlichen Argonne. Den Rest der Zeit verlebten wir glücklich und zufrieden in den Tuilerien, also ganz in der Nähe der königlichen Familie und mitten unter den Tausenden ihrer Bediensteten.

Aus 1790 wurde 1791.

In diesem Winter besuchte uns gelegentlich Mirabeau. Ein merkwürdiger Mensch, diese ›Fackel der Provence‹, hässlich, faszinierend, anregend und skrupellos. Niemand traute ihm so recht. Das war wohl auch der Grund, warum er die Führungsposition, die er in den ersten Tagen in Versailles inne gehabt hatte, nicht hatte halten können. Er war ein einsamer Wolf, schrecklich eifersüchtig auf Lafayette und noch eifersüchtiger auf die neuen Männer, die mehr und mehr an die Macht drängten.

Einmal hörte ich, wie er mit düsterer Miene zu Madame sagte: »Die Revolution wird den König und die

Königin den Kopf kosten.« Ich kann mich noch deutlich daran erinnern, wie weit hergeholt uns diese Bemerkung damals schien. Alle standen loyal hinter Ludwig. Und obwohl Marie-Antoinette verhasst war und für alles verantwortlich gemacht wurde, hätte ihr niemand ein Härchen gekrümmt. Die Monarchie abzuschaffen und Frankreich in eine Republik umzuwandeln, das war eine Idee, die keiner ernsthaft diskutierte.

Mirabeau hingegen analysierte die politische Lage gnadenlos. Er wusste, wie wenig eine Krone und ein Thron letztlich zählten. Er wollte Macht und wusste, dass das, was zählte, die Macht hinter den Kulissen war. »Wer die Verwaltung in der Hand hat, der hat auch die Macht«, sagte er. »Und wer die Macht hat, ist der wirkliche König.«

»Ich glaube, ich verstehe seine Strategie«, sagte Madame, als er gegangen war. »Da er es nicht schafft, die Nationalversammlung hinter sich zu bringen, versucht er, über den König an die Macht zu kommen. Ich will damit nicht sagen, dass er seine Ideen aufgegeben hat, wenn aber die Nationalversammlung diese Ideen nicht aufgreifen will, dann soll es eben der König sein.«

Madame wusste immer ziemlich genau, wie der Hase lief, und auch hier kam sie mit ihrer Vermutung der Wahrheit ziemlich nahe. Mirabeau spielte in diesem Winter ein doppeltes Spiel. Er wollte den König überreden, Paris zu verlassen, allerdings auf keinen Fall in Richtung Ausland. Auch sollte die Königin auf keinen Fall ausländische Truppen um Hilfe bitten – das sei das Verrückteste, was man tun könne. Es werde augenblicklich dazu führen, dass sich jeder patriotisch denkende Franzose gegen das Königshaus stelle. Nein, der König sollte in eine loyale Stadt fliehen, zum Beispiel nach Rouen, seine Anhänger dort zusammenrufen und sich, wenn nötig, auf einen Bürgerkrieg vorbereiten. Mirabeau wäre dabei seine rechte Hand, und wenn Ludwig dem Volk eine neue, vernünftige Regierung anbot, die die bereits erkämpften Freiheiten nicht wieder rückgängig machte, dann würde er, Mirabeau, ihm den Sieg über die radikalen Revolutionäre garantieren.

Es war ein raffinierter Plan. Er hätte sogar gelingen können, denn in der ganzen Nationalversammlung gab es niemanden, der es, was das Organisationstalent anging, mit Mirabeau hätte aufnehmen können. Die große Tragödie der Nationalversammlung war damals ihr eklatanter Mangel an Führungspersönlichkeiten. Zerstritten, wie sie war, konnte sie sich nicht auf das Naheliegende konzentrieren.

Im April starb Mirabeau plötzlich, und das Staatsschiff geriet noch ein wenig näher an die todbringenden Klippen.

Madame und Berthe hatten mal wieder eine ihrer regelmäßigen Auseinandersetzungen, in deren Verlauf Berthe zu kündigen oder entlassen zu werden pflegte. Wer wem die Gefolgschaft aufkündigte, spielte dabei keine Rolle, weil Berthe nie ging und beide wussten, dass dieser Fall auch nie eintreten würde.

Als ich in die Wohnung kam, merkte ich, dass es dieses Mal um Pauline ging. Und um mich. Berthe hatte mich von Anfang an nur als eine Spinnerei von Madame betrachtet. Jetzt, wo Pauline bei uns lebte, war ich in ihren Augen absolut überflüssig.

»Ich sage nichts gegen Mademoiselle«, rief sie gerade, als ich die Wohnung betrat. »Mademoiselle ist eine Dame, was Pierre nie sein wird.«

»Nicht in tausend Jahren. Gott sei Dank!« pflichtete ihr Madame bei, und sie lachte, dass die Wände wackelten.

»Madame wissen ganz genau, was ich meine. Er wird nie ein Mann von Welt werden.«

»Es scheint dir entgangen zu seine, liebe Berthe, dass wir in der Zwischenzeit eine Revolution hatten ...«

»Leider, leider!«

»Alle Menschen sind jetzt gleich. Freiheit, Gleichheit ...«

»Dummes Zeug!«

Madame lief dunkelrot an. »Ich möchte nicht, dass meine eigene Kammerzofe so mit mir spricht«, brüllte sie zurück, ohne an die Revolution und ihre Konsequenzen zu denken. »Hiermit kündige ich dir!«

»Und ich nehme diese Kündigung dankend an!«

Berthe stürmte hinaus. Ihr Abgang war bühnenreif, was nicht weiter verwunderlich war, hatte sie ihn doch über die Jahre oft genug geübt.

Ich ging zu Madame hinein. Pauline war glücklicherweise nicht zu Hause.

»Was habe ich falsch gemacht, Madame?«

»Nichts, mein Junge.«

»Berthe scheint da anderer Ansicht zu sein.«

»Berthe ist eine Verrückte. Ich hätte sie schon vor dreißig Jahren rauswerfen sollen. Sie belehrt mich. Sie sagt, es gehöre sich nicht, wie ihr beiden, du und Pauline, euch benehmt. Ihr wandert in der Stadt herum, geht ins Theater, sitzt in Cafés. Ständig steckt ihr zusammen, und das auch noch in aller Öffentlichkeit.«

»Aber das ist doch lächerlich!«

»Das habe ich ihr auch gesagt. Ich habe ihr gesagt, ihr zwei wärt wie Bruder und Schwester.«

Ich grinste. »Gott sei Dank sind wir das nicht, Madame.«

Madame grinste zurück. »Ach ja? Seid ihr das nicht?«

»Wir sind Freunde, Madame. Sehr gute Freunde. Und vielleicht werden wir später, wenn ich bewiesen habe, dass ich mit meinen Bildern genug Geld verdienen kann ...«

»Ah! Es ist alles schon geplant.«

»Wir haben eigentlich noch nicht darüber gesprochen. Es war nur so eine Idee von mir.«

»Aber ich könnte mir vorstellen«, sagte Madame, »dass Pauline auch schon auf die Idee gekommen ist.« Sie schnurrte fast vor Behagen. Ihre gute Laune war wiederhergestellt. »Ich würde mich riesig darüber freuen, mein Junge. Und Berthe würde sich wahnsinnig ärgern. Aber es ist noch zu früh. Du musst zuerst zeigen, was du kannst. Noch bist du zu jung. Bei Pauline ist das etwas anderes. Wäre die Revolution nicht gekommen, der Marquis hätte sie schon lange verehelicht. Aber heutzutage ist ja alles anders. Es sieht so aus, als könnte Pauline in dieser Hinsicht machen, was sie will.«

»Das hoffe ich sehr.«

»Aber solange ihr unter meinem Dach lebt, Pierre, fühle ich mich für sie verantwortlich. Und wenn du hierbleiben solltest und dich von Berthes kindischen Wutanfällen nicht verjagen lässt ...«

»Das werde ich nicht, Madame.«

»... dann muss eines unbedingt klar sein: keine romantischen Dummheiten! Seid vernünftig und benehmt euch. In zwei Jahren, wenn ihr dann immer noch wollt, können wir weiter darüber reden. Versprochen?«

»Versprochen, Madame.«

»Nur unter dieser Bedingung kann ich es zulassen, dass du weiter bei mir lebst. Denk daran, streng nach dem Gesetz ist Pauline immer noch das Mündel des Marquis.«

»Ich glaube nicht, dass sie ihn jemals wieder sehen wird.«

Diese Prophezeiung sollte sich schon bald als falsch erweisen.

Nur drei Tage später traten Pauline und ich aus einer Buchhandlung und standen unvermittelt dem Marquis gegenüber. Seine Kleidung hatte sich sehr verändert. Kein Mantel aus Brokat, keine Spitze, keine gepuderte Perücke. Jetzt trug er einen Cutaway mit hohem Kragen aus einfachem englischen Tuch, englische Reithosen und einen hohen schwarzen Hut über seinem eigenen Haar. Am Hut trug er – ich glaubte meinen Augen nicht zu trauen – eine rot-weiß-blaue Kokarde. Seine Gesichtszüge hingegen und sein Gang waren unverkennbar.

Pauline erkannte ihn im selben Augenblick wie ich. Ihre Finger krallten sich in meinen Arm.

Keine Angst, dachte ich, was kann er schon tun? Er kann sie schließlich nicht zwingen, zu ihm zurückzukehren. Am besten zeigen wir ihm, dass wir keine Angst vor ihm haben.

»Guten Tag, Monseigneur«, sagte ich kühl und lüftete meinen Hut.

Er zog eine Augenbraue hoch. Wie immer, so hatte er

sich auch dieses Mal perfekt unter Kontrolle. »Verzeihung, Monsieur, Sie scheinen mich zu verwechseln.«

»Onkel!«, sagte Pauline leise. Sie klammerte sich immer noch an meinen Arm.

Der Marquis lächelte verwirrt. »Ich bin untröstlich, Mademoiselle, aber ich kann mich nicht erinnern, Ihnen schon einmal vorgestellt worden zu sein.«

»Aber, Onkel! Ich bin's, Pauline! Ich kann mich doch nicht so verändert haben, dass Sie mich nicht wieder erkennen.«

»Ihr Gesicht kommt mir in der Tat vage bekannt vor. Sicher haben wir uns schon einmal irgendwo getroffen. Aber ich kann Ihnen versichern, Mademoiselle, dass ich keine Pauline kenne, und ich bin ganz gewiss kein Monseigneur. Wenn Sie mich entschuldigen wollen …«

Er verbeugte sich, fasste sich an den kokardengeschmückten Hut und eilte davon. Wenige Sekunden später war er in der Menge verschwunden. Pauline starrte ihm entgeistert nach.

»Aber, Pierre, das war wirklich mein Onkel!«

»Natürlich war er das.«

Sie fing an zu lachen. »Wie eigenartig! Da habe ich mich die ganze Zeit davor gefürchtet, ihm zu begegnen, habe Alpträume gehabt, in denen ich versuchte, ihm davonzulaufen, und nun, da ich ihn treffe, tut er so, als würde er mich gar nicht kennen. Ich frage mich, was er im Schilde führt.«

»Nichts Gutes, da kannst du sicher sein.«

Wir sahen ihn zwar nicht wieder, hörten aber immer mehr Gerüchte, nach denen er sich in der Stadt aufhielt. Einen Monat nach dieser seltsamen Begegnung begann uns zu dämmern, warum der Marquis nach Paris zurückgekehrt war. Um zehn Uhr morgens, Madame und ich überquerten gerade den Hof zum Louvre hinüber, vernahmen wir vom Rathaus her das Donnern einer Kanone. Zwei weitere Schüsse folgten. Dann begannen überall in Paris die Alarmglocken zu läuten.

Madame hielt einen Nationalgardisten an. »Was ist passiert?«

»Haben Sie es noch nicht gehört, Madame? Der König ist über Nacht verschwunden, und mit ihm die königliche Familie und das ganze andere Pack.«

Madame war entsetzt. »Aber wohin?«

»Das weiß niemand. Es heißt, sie versuchen, die Grenze zu erreichen. Außerdem kommen die Österreicher. Wir haben Krieg.«

18 Monseigneur ist zuversichtlich

»Wie kannst du jetzt bloß malen, Junge?«

Die Stimme war rau, aber nicht unfreundlich. Ich drehte mich um. Vor mir stand eine massige Figur mit einem der hässlichsten Gesichter, die ich je gesehen hatte. Das lag nicht an den Pockennarben, denn die hatte mittlerweile fast jeder zweite. Was dieses Gesicht so ungewöhnlich hässlich machte, waren die zermatschte Nase und die gespaltene Oberlippe. Der Mann war neu im Zirkel von Madame, sonst hätte ich mich sicher an ihn erinnert, und zwar nicht nur wegen seiner Hässlichkeit, sondern auch wegen der Kraft und der Energie, die von ihm auszugehen schienen.

Zuerst verstand ich seine Frage falsch. Ich zuckte mit den Schultern.

»Das macht mir nichts aus, Monsieur, ich höre einfach nicht hin.«

Beide blickten wir zu dem Tisch hinüber, an dem Madame ihre Zufallsgäste – Journalisten, Künstler, Deputierte – mit Tee bewirtete. Heute Abend, am zweiten Tag nach dem Verschwinden des Königs, waren mehr Besucher da als gewöhnlich. Alle wollten über die neuesten Gerüchte diskutieren.

Der Fremde warf seinen massigen Schädel zurück und lachte. »Was für eine unglaubliche Konzentration! Du würdest wohl nicht einmal hinhören, wenn um dich herum die Kanonen donnerten. Ich wette, du brächtest es sogar fertig, auf dem Schlachtfeld zu malen.«

»Ich bin zu jung für die Nationalgarde, Monsieur.«

»Du malst also«, sagte er sarkastisch. »Du sitzt hier und malst, während die Menschen die Straßen nach unseren königlichen Flüchtlingen absuchen, während die Nationalversammlung Tag und Nacht berät, während die Könige Europas wie Geier an den Grenzen Frankreichs hocken, während die Österreicher nur darauf warten, dass der König und die Königin in Sicherheit sind, um dann über Frankreich herzufallen. Während all das passiert, sitzt du hier und malst!«

Pauline kam mir zu Hilfe. »Was kann er denn sonst tun, Monsieur? Außerdem liegt ihm viel daran, gerade dieses Porträt fertig zu bekommen.« Ich genoss den Stolz, der in ihrer Stimme lag, denn ich arbeitete an einem Bild von ihr. »Er will es bei der Akademie einreichen, weil der Salon jetzt auch Nichtmitgliedern offen steht.«

»Da kann ich dir nur Glück wünschen. Mademoiselle würde jeden Künstler inspirieren. Ich hoffe, Mademoiselle, Sie werden an prominenter Stelle hängen.« Er verbeugte sich grinsend vor ihr. »Dasselbe wünsche ich übrigens auch gewissen anderen Leuten. Lafayette, zum Beispiel.«

Wir wussten, was er meinte. Pauline war schockiert. Sie hegte ziemlich romantische Gefühle für den eleganten General mit den hohen Idealen und den gepflegten Manieren, ganz zu schweigen von seinem weißen Pferd. In meinen Augen genoss er weniger Bewunderung. Ich wusste, was die Leute über ihn sagten. Als Oberbefehlshaber der Nationalgarde wäre es Lafayettes Aufgabe gewesen, den König an einer Flucht zu hindern. Lafayette war entweder gekauft oder hereingelegt worden.

Allerdings hatte ich nie zuvor jemanden mit so abfälligen Worten über Lafayette reden hören, wie dies der merkwürdige Fremde getan hatte.

Pauline sagte kalt: »Sie lehnen Monsieur Lafayette ab, Monsieur?«

»Er ist schwach – aber er hat die Macht. Es gibt nichts Schlimmeres als einen Schwächling, der Macht hat.«

»Bestimmt würden Sie, Monsieur, alles besser machen.«

Seine hellen Augen musterten sie spöttisch. »Wer weiß, Mademoiselle, wer weiß.«

Er setzte sich wieder zu den anderen an den Tisch. Ich legte meine Pinsel zur Seite. Das Licht reichte ohnehin nicht mehr. Pauline und ich setzten uns in unsere Ecke am Fenster, ohne direkt auf die Gespräche zu hören. Trotzdem bekamen wir einiges mit.

Die spanischen Truppen marschierten in Richtung Grenze; der König von Schweden hatte seine Untertanen aufgefordert, Frankreich zu verlassen; die russische Zarin hatte den französischen Botschafter brüskiert. Offensichtlich hatte der Fremde recht: Die Könige Europas lauerten wie die Geier an den Grenzen Frankreichs. Aber das war eigentlich nicht weiter verwunderlich, denn schließlich waren sie ja alle eine große Familie. Der österreichische Kaiser und der König von Neapel waren mit Ludwig verschwägert, der König von Spanien war sein Cousin, Ludwigs Brüder hatten in das Königshaus von Sardinien eingeheiratet – und so weiter. Natürlich konnte sich Ludwig darauf verlassen, dass ihm die Familie in einer Krisensituation zu Hilfe kam.

Als der letzte Besucher gegangen war, fragte ich Madame: »Wer war denn der hässliche Mann?«

»Sein Name ist Danton. Er ist Rechtsanwalt und stammt aus der Champagne. Dass er so hässlich ist, liegt daran, dass er als Kind von einem Stier angefallen wurde.«

»Der arme Mann!«, rief Pauline aus.

»Ist er auch einer der Deputierten?«, fragte ich. Ich wunderte mich immer noch, dass ich sein Gesicht nicht kannte.

»Nein, er spricht meist im Cordeliers-Club. Lafayette hält ihn für einen gefährlichen Gesellen, einen Agitator. Aber ich weiß nicht«, fügte sie nachdenklich hinzu, »vielleicht ist er doch mehr als das.«

In diesem Jahr marschierten die Könige Europas noch nicht nach Paris. Die königliche Kutsche erreichte nämlich die Grenze nicht, sondern wurde in Varennes (unweit von Madames Waldhaus in der Argonne) gestoppt, und innerhalb einer Woche waren der König und die Königin wieder in den Tuilerien. Zusammen mit einer schweigenden Menschenmenge sahen wir, wie sie eintrafen, die Jalousien vor den Fenstern der Kutsche heruntergezogen, begleitet von bewaffneten Soldaten.

»Eine Schande!«, zischte die königstreue Berthe. »Das erinnert mich eher an ein Begräbnis.«

»Vielleicht ist es das«, sagte Madame grimmig, »in gewisser Weise.«

Nach diesen Vorkommnissen änderten viele Bürger ihre Haltung gegenüber dem König. Er hatte gezeigt, wozu er in der Lage war. Er konnte noch so viele versöhnliche Reden halten und behaupten, er akzeptiere die neue Verfassung, aber alle wussten jetzt, dass er jede Gelegenheit nutzen würde, das, was in den vergangenen zwei Jahren erreicht worden war, wieder rückgängig zu machen. Dafür würde schon die Königin sorgen.

Immer mehr Menschen traten dafür ein, Frankreich nach dem Muster der Vereinigten Staaten in eine Republik umzuwandeln. Zu meiner Überraschung lehnte die neu gewählte Nationalversammlung diesen Vorschlag im Herbst ab. Es war wirklich eine ›neue‹ Nationalversammlung, weil keines ihrer Mitglieder wieder gewählt werden konnte. In Madames Tafelrunde tauchten neue Gesichter auf, alte verschwanden. Monsieur Legrand ging nach Aulard zurück. Vater Gamain war schon vor geraumer Zeit zurückgekehrt. Der neuen Nationalversammlung gehörten nur wenige Priester und Adelige an. Sofern sie nicht aufseiten der Revolution standen, fühlten sie sich dort auf verlorenem Posten.

Monsieur Danton erschien nun nicht mehr zu den Gesprächsrunden in Madames Wohnung. Er sei in den Untergrund gegangen, erzählte Madame, weil er einer Verhaftung durch Lafayette entgehen wolle. Er sei zunächst in die Champagne zurückgekehrt, um von dort vielleicht nach England zu fliehen.

Ich hätte dieses interessante, zerklüftete Gesicht, in dem so viel Kraft und Charakter lagen, gern gezeichnet. Aber im Augenblick musste ich mich um andere Dinge kümmern. Mein Porträt Paulines war von der Akademie für den Salon des Jahres 1791 angenommen worden.

Pauline sagte damals oft, Künstler seien wahre Monster an Ichbezogenheit. Und tatsächlich – für mich war die

Öffnung der Akademie für Nichtmitglieder wichtiger als all die langen Reden in der Nationalversammlung. Die Öffnung war ein sichtbares Werk der Revolution. Auch in der Kunst hatten die alten Machthaber abdanken müssen. Mittlerweile konnte jeder, im Salon ausstellen. Talent war der Schlüssel zum Ruhm. Und jetzt konnte endlich jeder sehen, welche Talente Frankreich besaß! In diesem Jahr wurden an die achthundert Bilder ausgestellt, bei der letztjährigen Ausstellung waren es nur dreihundertfünfzig gewesen.

Mein Bild sorgte für Aufsehen, obwohl es nur eines unter so vielen anderen war. Dass es aus der Masse herausragte, hing wohl damit zusammen, dass ich noch so jung war. Das missfiel mir. Ich wollte, dass die Leute das Porträt mochten, weil es ein gutes Bild war, von mir aus auch, weil es ein sehr hübsches Mädchen darstellte. Ich ärgerte mich aber, wenn die Leute sagten, dass das Bild für einen Maler meines Alters erstaunlich gut sei.

Der bescheidene Ruhm meines Bildes hatte allerdings eine Folge, mit der niemand von uns gerechnet hätte: Wir bekamen Besuch vom Marquis de Morsac.

Wir saßen gerade beim Frühstück, als Berthe, schnurrend vor Wohlbehagen, ihn hereinführte. Es war schon lange her, dass sie Gelegenheit gehabt hatte, jemanden mit dem Titel ›Monseigneur‹ anzukündigen.

Und der Marquis war durchaus wieder ein Monseigneur, an diesem Eindruck konnte auch die rot-weißblaue Kokarde an seinem Hut nichts ändern. Seit unserer seltsamen Begegnung vor der Buchhandlung im Palais Royal hatte ich ihn nicht mehr gesehen. Er war zusammen mit dem König aus Paris verschwunden. Zweifellos war er einer der Drahtzieher dieses Unternehmens gewesen, das so kläglich in Varennes geendet hatte.

Heute tat er nicht so, als sei er jemand anderer und als erkenne er uns nicht. Er begrüßte Madame mit Handkuss, dann wandte er sich an Pauline: »Endlich kann ich meinen Pflichten als Onkel wieder nachkommen, meine Liebe.«

Pauline wurde blass und murmelte: »Woher wussten Sie, dass ich hier bin?«

»Oh, das war ganz einfach. Monsieur Merciers Bild im Salon, die Ähnlichkeit ist frappierend.« Er warf mir ein spöttisches Lächeln zu. »Sie werden immer besser, junger Mann.«

Madame setzte heftig ihre Tasse ab. »Es tut mir Leid, Philippe, aber Pauline hat in den letzten zweieinhalb Jahren mein Haus als ihr Zuhause gewählt.«

»Und dafür bin ich Ihnen zweifellos zu allergrößtem Dank verpflichtet. Sie haben ihr den Schutz gewährt, den ich ihr in diesen unruhigen Zeiten leider nicht bieten konnte. Jetzt aber sehen die Dinge anders aus.«

»Sie können ein Mädchen nicht einfach jahrelang im Stich lassen und dann so tun, als sei nichts geschehen.«

»Kann ich das nicht? Ist dieses Gesetz etwa auch geändert worden?« Der Marquis machte einen äußerst selbstsicheren Eindruck. »Ich denke doch, dass ich nach wie vor ihr nächster Verwandter bin, Madame.«

»Und was können Sie ihr bieten?«, wollte Madame wissen. »Morsac ist nur noch eine Ruine ...«

»Es wird wieder aufgebaut.«

»Tatsächlich?«

»Schneller, als Sie denken.«

Madame schnaubte zornig. Der Marquis verbreitete

eine Selbstsicherheit, die selbst Madame den Elan nahm. »Und wo«, fragte sie, »halten sich Ihre Frau und Ihre Tochter zur Zeit auf?«

»Im Augenblick in Brüssel.«

Wieder schnaubte Madame. In Brüssel, das wussten alle, hatte der Bruder des Königs, der Comte de Provence, einen Marionettenhof errichtet und sich selbst zum ›Regenten von Frankreich‹ ernannt. Er behauptete, das wahre Staatsoberhaupt Frankreichs zu sein, solange Ludwig gegen seinen Willen in Paris festgehalten wurde. Brüssel war das Zentrum der royalistischen Verschwörungen und Intrigen, eine ganze Armee exilierter Adeliger hielt sich dort auf. Spione und Geheimbotschafter pendelten zwischen Paris und Brüssel hin und her.

»Ich werde nicht nach Brüssel gehen«, sagte Pauline. »Er kann mich doch nicht dazu zwingen, oder, Madame?«

Madame zögerte einen Augenblick. Man sah ihr an, dass sie fieberhaft nachdachte. Der Marquis war immerhin Paulines Onkel und gesetzlicher Vormund. Madame war lediglich eine Freundin.

»Soll er es versuchen«, sagte sie beherzt. »Soll er doch den Fall vor ein öffentliches Gericht bringen. Soll er ruhig sagen: ›Ich bin der Marquis de Morsac. Mein Schloss ist von meinen Pächtern niedergebrannt worden. Ich möchte meine Nichte – gegen ihren Willen – zu den Feinden Frankreichs ins Ausland schicken.‹ Das würde sich nicht gut anhören, oder, Philippe? Aber, wer weiß, vielleicht steht die Öffentlichkeit ja auf Ihrer Seite …«

»Machen Sie sich nur lustig, Sophie. Noch können Sie es. Aber die Dinge ändern sich schnell heutzutage.«

Er wandte sich wieder an Pauline. »Lass es dir durch den Kopf gehen, Pauline. Ich werde vorerst keine rechtlichen Schritte einleiten. Wenn du aber deine Meinung ändern und erkennen solltest, wo deine Pflichten liegen …«

»Ich werde meine Meinung nicht ändern, Monsieur.«

»Falls doch, kannst du dort drüben nach mir fragen.« Er machte eine Kopfbewegung zum Hauptschloss hinüber. »Sollte ich dann nicht mehr in Paris sein, werde ich entsprechende Anweisungen hinterlassen.«

»Sie können sich die Mühe sparen, Monsieur.«

»Da haben Sie Ihre Antwort«, sagte Madame. »Paulines Zuhause ist jetzt hier.« Sie läutete. »Berthe, würdest du den Marquis bitte hinausbegleiten.«

Madames schroffer Ton ließ Berthe zusammenzucken. Sie versuchte, ihm die Spitze zu nehmen, indem sie sich vor Höflichkeit fast überschlug: »Monseigneur, wenn ich bitten darf, hier entlang.«

Der Besuch des Marquis hinterließ in mir eine nagende Unruhe, fast wie Zahnschmerzen. Natürlich waren die alten Zeiten immer noch nicht ganz überwunden, natürlich konnte Morsac wieder aufgebaut werden, ebenso die Bastille und dazu alle staatlichen Strukturen, die wir abgeschafft glaubten. Natürlich würde das Volk, wenn dieser Fall eintreten sollte, nicht auf einen Schlag alle Freiheiten verlieren, die es sich erkämpft hatte. Der Zustand von vor zwei Jahren – Armut, Hunger und Erniedrigung – würde sicher nicht wieder eintreten. Aber es würde schreckliche Rache geübt werden, für alles, was geschehen war.

Was mich beunruhigte, war die kühle Gelassenheit

des Marquis. Offensichtlich konnte er sich gefahrlos in Paris sehen lassen. Die Nationalversammlung hatte ein Dekret verabschiedet, in dem alle Flüchtigen aufgefordert wurden, bis zum 1. Januar 1792 nach Frankreich zurückzukehren. Andernfalls würde man sie in Abwesenheit zum Tode verurteilen und ihr gesamtes Vermögen einziehen. Der Marquis war zurückgekommen, aber bedeutete das auch, dass er die neue Regierung akzeptierte?

Nie im Leben, da war ich mir sicher. Der Marquis de Morsac war der Letzte, der seinen Frieden mit der Revolution machen würde. Wenn er wieder in Paris war und neben der Königin in den Tuilerien saß, dann hatte das nichts Gutes zu bedeuten.

Berthe beklagte erschüttert, dass die Mitglieder der königlichen Familie nun nichts weiter als Gefangene seien. Sicher, unter den Fenstern standen Wachposten und die Tür, durch die sie unlängst geflohen waren, hatte man zugemauert. Aber wenn ich mir die Schweizer Gardisten anschaute und die vielen bewaffneten Adeligen, die dort ein und aus gingen, dann war das Ganze wohl eher wie eine Festung als ein Gefängnis.

Der Krieg mit Österreich brach im April aus, zunächst nur in Form einiger Scharmützel hinter der Grenze nach Flandern. Zuerst hörten wir von Siegen, dann von verheerenden Niederlagen und Flucht. Für uns in Paris, besonders für Pauline und mich, war das alles weit, weit weg. Wir konnten uns nicht vorstellen, dass unser Leben irgendwie davon beeinflusst werden könnte. Dann kamen Nachrichten, die uns erschütterten.

Der König von Preußen hatte sich dem österreichischen Kaiser angeschlossen. Die Heere beider Länder würden unter dem Oberbefehl des Herzogs von Braunschweig nach Paris marschieren, um *»den König und die königliche Familie aus ihrer Gefangenschaft zu befreien und die Ordnung in Frankreich wiederherzustellen«*. So wörtlich die Proklamation des Herzogs, die dieser in seinem Hauptquartier in Koblenz am Rhein erlassen hatte. Wenige Tage später wurde sie von ganz Paris gelesen. Nach acht Absätzen voller Drohungen, Versprechungen und Anweisungen an das französische Volk kam die entscheidende Passage:

»Ihre Majestäten erklären ferner auf ihr kaiserliches und königliches Ehrenwort, dass, wenn das Tuilerienschloss gestürmt oder sonst verletzt, wenn die mindeste Beleidigung dem König, der Königin und der gesamten königlichen Familie zugefügt, wenn nicht unmittelbar für ihre Sicherheit, ihr Leben und ihre Freiheit gesorgt wird, sie eine beispiellose und für alle Zeiten denkwürdige Rache nehmen und die Stadt Paris einer militärischen Exekution und dem gänzlichen Ruin preisgeben, die Verbrecher selber aber dem verdienten Tode überliefern werden.«

In diesem Ton durfte man weder mit den Parisern noch mit irgendeinem Franzosen sprechen.

Als Pauline und ich an diesem Abend über die Champs-Elysées flanierten, zog ein Trupp Nationalgardisten singend an uns vorbei, schwarzhaarige, dunkelhäutige Burschen aus dem Süden, aus Toulon und Marseille. Und während sie marschierten, sangen sie:

Aux armes, citoyens!
Formez vos bataillons!

Dieses Lied, das wir bis dahin noch nie gehört hatten, sollten wir in den kommenden Monaten noch oft zu hören bekommen.

19 Tod in den Tuilerien

»Madame, wir sollten Paris schnellstens verlassen«, drängelte Berthe immer wieder.

»Unsinn! Warum denn?«

»Dem Gesindel, das jetzt die Straßen beherrscht, ist zuzutrauen, dass es den Palast angreift. Dann befinden wir uns direkt zwischen den Fronten.«

Berthe hatte Recht. Die königliche Familie wurde jetzt so gut bewacht, dass es für sie kein Entrinnen aus Paris mehr geben würde. Außerdem wäre ein solcher Versuch unklug gewesen. Wenn sie sich in ihrem Hauptschloss einigelten, konnten sie mühelos einer Belagerung standhalten, bis der Herzog von Braunschweig mit seinen Truppen eintraf und sie befreite. Schließlich hatten sie es ja nur mit ganz normalen Leuten zu tun, denn die neuen Armeen, mit Lafayette an der Spitze, marschierten gegen die Eindringlinge. Allerdings konnte es, wie Berthe richtig gesagt hatte, durchaus sein, dass die Pariser Bürger auf eigene Faust die Tuilerien angriffen, und dann würden wir uns zwischen den Fronten befinden.

Berthe und ich waren da ausnahmsweise mal einer Meinung. Ich versuchte Madame zu überreden, zusammen mit Pauline Paris zu verlassen, während ich mit den männlichen Bediensteten in Paris bleiben und ein Auge auf die Wohnung werfen wollte. Ich hatte das unangenehme Gefühl, dass der Herzog und seine Truppen bald Paris erreichen würden. Seine Preußen galten als die schlagkräftigste Infanterie Europas. Unsere Truppen hingegen waren ein Gemisch aus Überläufern und schlecht ausgebildeten Freiwilligen. Außerdem galt es keineswegs als sicher, dass Lafayette sie überhaupt würde kämpfen lassen. Vielleicht gelang es ihm ja auch, ein Abkommen mit dem Herzog von Braunschweig zu treffen.

Es wäre sicher besser gewesen, Madame wäre nach Versailles ins Hotel zurückgegangen, oder am besten noch weiter nach Westen, bis die Krise überstanden war.

»Ich werde nicht weichen!«, erklärte sie. »Monsieur Danton ist gerade erst zurückgekehrt und er hat sogar seine Mutter nach Paris gebracht. Sie ist noch älter als ich. Wir werden zusammen gegen die Preußen kämpfen. Aber zuerst werden wir, wenn es notwendig sein sollte, den Palast stürmen.«

»Wie es scheint, hat Madame vorübergehend den Verstand verloren.« Berthe wahrte auch bei Grobheiten die Form.

Madame grinste und rauschte aus dem Zimmer, wobei sie das neue Lied, die *Marseillaise*, sang.

In diesen frühen Augusttagen des Jahres 1792 fragte sich jeder, warum die Nationalversammlung nicht den Palast stürmen und den König und die Königin hinter Schloss und Riegel bringen ließ. Vor allem die Königin hätte man in Gewahrsam nehmen müssen. Nun, da ihr Bruder mit seinen Truppen auf französischem Boden stand, war es viel zu gefährlich, ihr mitten in Paris so viel Freiheit einzuräumen.

Aber die Politiker redeten und redeten und Ludwig

war immer noch König, unterzeichnete immer noch Papiere, empfing immer noch Minister und Höflinge – und das, obwohl siebenundvierzig von achtundvierzig Distrikten von Paris der Nationalversammlung eine Petition unterbreitet hatten, in der sie forderten, den König abzusetzen. Die Nationalversammlung spielte auf Zeit, die Debatte um die Petition wurde um eine Woche vertagt. Und im Rathaus neigte man mehr und mehr dazu, die Nationalgarde für den Schutz des Palastes statt für dessen Erstürmung einzusetzen.

Ich glaube, alle schreckten vor den grimmigen Worten des Herzogs von Braunschweig zurück, die dieser in seiner Proklamation gewählt hatte: »*Wenn das Tuilerienschloss gestürmt oder sonst verletzt, wenn die mindeste Beleidigung dem König, der Königin und der gesamten königlichen Familie zugefügt wird, dann, so erklären ihre königlichen und kaiserlichen Majestäten, werden wir eine beispiellose und für alle Zeiten denkwürdige Rache nehmen und die Stadt Paris einer militärischen Exekution preisgeben.*«

Andere hatten bessere Nerven. Danton zum Beispiel.

Von Besuchern erfuhren wir, dass man ihn wieder an den üblichen Orten sehen konnte, zu uns kam er jedoch nur ein einziges Mal. Hatte er Wichtigeres zu tun, als in Madames Salon zu sitzen und zu reden?

Schlaf schien er kaum zu brauchen. Er fegte wie eine Feuersbrunst durch Paris: von der Zuschauergalerie der Nationalversammlung zu den Cafés im Palais Royal, von dort zum Cordeliers-Club auf dem linken Seineufer und wieder zurück auf die andere Seite, zum Rathaus – wo immer Männer sich zusammenrotteten, Danton war nicht weit. In Abwesenheit von Lafayette gab es niemanden, der ihm hätte Paroli bieten können. Dieser hässliche Anwalt aus der Champagne, der nicht einmal der Nationalversammlung angehörte, war plötzlich zur wichtigsten Persönlichkeit von Paris geworden.

An dem Abend, als die Nationalversammlung mit ihrer Debatte über die Absetzung des Königs begann, gingen wir alle mit dem Gefühl schlafen, dass sich in den nächsten vierundzwanzig Stunden große Dinge ereignen würden. Um Mitternacht sollte außerdem noch der Stadtrat zusammentreten. Die Distrikte waren dabei, neue Führer zu wählen, und forderten lautstark, dass etwas zu geschehen habe.

In dieser Nacht war es nicht einfach, Schlaf zu finden. In den wenigen Stunden der Dunkelheit läuteten unentwegt die Alarmglocken, die die Männer der verschiedenen Distrikte der Stadt zusammenriefen. Als der Morgen heraufdämmerte, ein feuchter, nebliger Morgen, klang vom anderen Seineufer undeutlicher Gesang herüber. Die aufpeitschende Melodie war unverkennbar. Den Text kannte ich mittlerweile:

»Aux armes, citoyens!
Formez vos bataillons!
Marchons, marchons ...«

Beim Frühstück wurde uns dann klar, dass sich die Bürger tatsächlich bewaffnet hatten und sich bereits auf dem Marsch befanden. Unter unseren Fenstern, auf der Place du Carrousel, wogte ein Meer von Köpfen und Schultern, Piken, Säbeln und flatternden rot-weißblauen Fahnen.

Georges wurde hinuntergeschickt, um die neuesten Nachrichten in Erfahrung zu bringen. Nach wenigen Minuten war er wieder da.

»Nun?«, fragte Madame.

»Monsieur Danton und seine Freunde haben das Rathaus besetzt, sie haben die Macht über Paris an sich gerissen.«

»Hervorragend! Es wurde auch langsam Zeit.«

»Außerdem haben sie die Besetzung des Palastes angeordnet.«

»Wunderbar!« Madame sprang auf, tupfte sich mit der Serviette die Lippen ab und warf sie zur Seite. »Das muss ich sehen.«

Wir versuchten, sie daran zu hindern. Ich sagte: »Vielleicht kommt es zu einer Schießerei, Madame!«

»Sie werden nicht auf Frauen schießen, mein Junge. Denk an Versailles. Dort haben Frauen durch ihre Initiative Hunderte von Menschenleben gerettet.«

Pauline flehte sie an: »Bleiben Sie, Madame, bitte! Sie können doch alles von hier oben sehen!«

»Das kann ich nicht! Außerdem möchte ich nicht nur etwas sehen, ich möchte etwas tun. Die Rolle der alten, nutzlosen Frau habe ich lange genug gespielt!«

Wenn Madame in dieser Stimmung war, konnte sie niemand aufhalten. Sie schnappte sich ihren Hut – ein fantastisches Gebilde mit einer Kokarde und gebogenen Straußenfedern – und rauschte zur Tür hinaus. Madame war in jeder Situation immer und vor allem Dame, sie würde niemals ohne Hut auf die Straße gehen, nicht einmal inmitten eines allgemeinen Aufstands. Nachdem sie sich noch ihren Stock geschnappt hatte, stampfte sie die Treppe hinunter. Pauline eilte ihr nach.

»Mach dir keine Sorgen«, sagte ich zu Berthe, »ich werde mich um sie kümmern. Außerdem kommt sie in diesem Tumult ohnehin nicht weit.«

Ich hatte wieder einmal die ungeheure Entschlossenheit unterschätzt, zu der Madame fähig war. Unter reichlichem Einsatz ihrer Stimme und ihrer Ellenbogen kam sie in der dichten Menschenmenge überraschend schnell voran. Pauline und ich hielten uns dicht hinter ihr und konnten so die von ihr geschlagene Bresche nutzen, bevor die menschliche Flut wieder zusammenschlug.

Die in den Palasthof führenden Tore waren geöffnet worden – ob mit oder ohne Gewalt, war nicht zu erkennen. Die Masse schwappte durch das Tor und zog uns mit sich wie Zweige auf einem reißenden Fluss. Mittlerweile konnte ich über die Köpfe der vor mir Laufenden hinweg die Schweizer Gardisten sehen, die sich auf der großen Treppe aufgestellt hatten. Auf der Eingangstreppe zur königlichen Kapelle standen weitere Gardisten. Als ich nach oben schaute, konnte ich erkennen, dass aus allen Fenstern des Palastes Gewehre auf uns gerichtet waren.

Ein paar Minuten lang verharrte die Masse regungslos. Vor uns waren einige Nationalgardisten. Ich glaube, es waren dieselben dunkelhäutigen Burschen, die wir noch vor wenigen Tagen singend über die Champs-Elysées hatten ziehen sehen. Im Großen und Ganzen aber bestand die Menschenmenge aus Zivilisten – Händlern und Arbeitern –, die mit selbstgefertigten, acht oder zehn Fuß langen Piken bewaffnet waren. Madame und Pauline waren keineswegs die einzigen Frauen.

Ein Mann auf einem Pferd rief den Schweizer Offizieren auf Deutsch etwas zu. Ich glaube, er versprach ihnen, die Menschenmenge zur Umkehr zu bewegen, wenn die Schweizer Gardisten ihrerseits den Palast räumten. Es war klar, dass sein Angebot abgelehnt wurde.

»Nieder mit den Schweizern!«, ertönte es aus Tausenden von Kehlen. »Nieder – mit – den – Schweizern!«

Die Schweizer reagierten nicht, sie bewahrten Haltung, als wären sie aus Eisen. Ein oder zwei der Herren in den oberen Fenstern drohten mit den Fäusten und riefen etwas, was aber durch das Gebrüll nicht zu verstehen war. Bis jetzt war noch kein Schlag gelandet, kein Schuss abgefeuert worden.

Plötzlich spürte ich, wie jemand an meinem Ärmel zerrte. Es war Berthe, die sich mit hochrotem Kopf und wirrem Haar einen Weg zu uns zu bahnen versuchte.

»Ich muss Madame dringend etwas mitteilen!«

Ich machte Platz, damit sie sich zu Madame durchkämpfen konnte. Madame wandte sich überrascht um, ihre Straußenfedern wippten.

»Was ist denn los?«

»Madame, Sie vergeuden Ihre Zeit! Es ist absolut unnötig, dass Sie …«

»Was ist unnötig?«

»Wir haben es gerade gehört – der König und die Königin sind nicht im Palast! Sie haben sich durch die Gärten zur Reitschule begeben. Sie befinden sich, wenn man das so nennen kann, unter dem Schutz der Nationalversammlung.«

Madame strahlte. »Hervorragend! In ihrer Angst haben sie endlich Vernunft angenommen! Du meinst also, für unsern Besuch hier …«

Aber noch während sie sprach, nahm der bislang friedfertige ›Besuch‹ einen sehr unfriedlichen Charakter an. Auf den Stufen vor dem Haupteingang war es zu einem Handgemenge gekommen. Wir hörten brüllendes Gelächter. Man hatte zwei Schweizer Gardisten ergriffen und ihnen die Waffen aus den Händen gerissen. Einen kurzen Augenblick später krachte die erste Salve. Sie kam aus den Palastfenstern. Die Menge wankte und wogte. Neben mir fiel ein Mann um, blutüberströmt.

»Hört sofort auf, ihr Idioten!« brüllte Madame gegen den ungeheuren Lärm an. »Hört auf zu schießen! Der König ist verschwunden! Er ist nicht mehr da drin …«

»Kommen Sie zurück, Madame«, schluchzte Berthe. »Sollen sie sich doch gegenseitig umbringen. Kommen Sie zurück, bitte!«

»Ich muss diesem Wahnsinn ein Ende bereiten!« Madame stürzte sich nach vorn, ihre Straußenfedern schaukelten über der Menge wie der Kopfschmuck eines Ritters aus längst vergessenen Tagen. »Ich muss diesen Verrückten dort vorn sagen, wie sinnlos das Ganze ist!«

»Kommen Sie zurück!«

Mittlerweile flogen aus allen Richtungen Kugeln durch die Luft. Die Menge schoss zurück. Auf der großen Freitreppe vor dem Haupteingang und auf der Treppe vor der Kapelle wurde Mann gegen Mann gekämpft. Aus den Fenstern kam Gewehrfeuer, beißender Rauch zog über den Hof. Berthe hatte Madame mit beiden Armen umfasst und versuchte, sie zurückzuzerren.

»Wie kannst du es wagen, Berthe? Lass mich los!« Madames Gesicht unter dem grandiosen Hut war blutrot wie das eines zornigen Truthahns. Einen Augenblick lang kämpften Herrin und Zofe miteinander.

»Berthe!« Madames Stimme hatte plötzlich einen anderen Klang bekommen. So hatte ich sie noch nie gehört. Eine völlig fremde Stimme, verwirrt und angstvoll. »Was ist los? Berthe!«

Die alte Zofe war zusammengesunken. Madame stand da und hielt die dürre Gestalt an ihren umfangreichen Busen gedrückt. Ich streckte die Hände aus, um ihr zu helfen. Madame rief verzweifelt: »Du gehörst nicht zu den Frauen, die einfach in Ohnmacht fallen oder sich sonst wie weibisch verhalten. Berthe, sag doch etwas!«

Dann sah ich den roten Flecken auf Berthes Kleid, der langsam größer wurde.

»Wir müssen sie hier rausschaffen«, keuchte ich. »Aber ich fürchte, sie ist tot.«

20 *Gefährliche Zeiten*

Gemeinsam schafften wir es, die arme Berthe aus der Menge herauszubringen und über den Platz in die Wohnung zu tragen. Sie war wohl sofort tot gewesen.

Pauline hielt sich bewundernswert. Sie kümmerte sich um Madame, viel besser, als ich es gekonnt hätte. Madame war am Boden zerstört. Nichts von dem, was während der Revolution geschehen war, hatte sie so erschüttert wie der Tod Berthes. Es war so absurd, dass ausgerechnet Berthe vor dem Palast des Königs, den sie so sehr verehrte, von einem Schweizer Gardisten erschossen worden war.

Später bestätigte sich, dass alle Ereignisse dieses Morgens – die Schießerei und die abscheulichen Gräueltaten, die sich anschließend im Palast selbst abspielten – absolut sinnlos gewesen waren. Die königliche Familie war durch die Gärten geflohen und hatte sich unter den Schutz der Nationalversammlung begeben, bevor noch der erste Schuss gefallen war. Nicht einmal dieser erste Schuss hätte fallen müssen, wenn der König seiner Wache mitgeteilt hätte, dass die Verteidigung des Gebäudes sich erübrigt hatte. Die Folge dieses Versäumnisses: Der Schlosshof war übersät mit Hunderten von Toten und Verwundeten. Allein sechshundert der königstreuen Schweizer Gardisten waren auf dem Hof oder bei dem anschließenden Massaker gestorben.

Den Rest des Tages verbrachten wir in der Wohnung hinter verriegelten Türen. Madame stand am Rande eines Zusammenbruchs. Sie bezichtigte sich unentwegt, für den Tod Berthes verantwortlich zu sein. Pauline brachte sie zu Bett und tat, was sie konnte, um sie zu trösten. Die Köchin und die anderen Bediensteten übernahmen die Vorbereitungen für Berthes Begräbnis. Mehr konnten wir nicht tun, wir mussten warten, bis sich die Lage in der Stadt wieder normalisiert hatte.

Und so verging ein langer Tag, der mir vielleicht am längsten vorkam, weil ich an diesem Tag das nutzloseste Mitglied des Haushalts war. Über dem Palast hingen Rauchwolken. Der Palast selbst brannte zwar nicht, aber die Eindringlinge hatten hier und dort Möbel und Holzwerk angezündet. Als sie Dutzende von Federbetten und Kopfkissen aufschlitzten und aus den oberen Fenstern schüttelten, fegte mitten im August ein bizarrer Schneesturm über den Place du Carrousel. Die Schüsse und das Geschrei waren längst verstummt, nur das Gegröle einiger Plünderer, die betrunken nach Hause wankten, war noch zu hören. In einer Ecke des Platzes hatten Männer damit begonnen, die Leichen aufzustapeln, bis genügend Wagen aufgetrieben worden waren, um sie abzutransportieren. Ich war froh, als es Nacht wurde und die Dunkelheit die schreckliche Szenerie verhüllte.

An diesem Abend fand bei Madame kein Salon statt. Gegen zehn Uhr klopfte es leise an die Tür.

»Wer ist da?«

Weil der Mann flüsterte, erkannte ich seine Stimme nicht. »Sagen Sie Madame de Vairmont, ein alter Freund von ihr sei hier, Philippe.«

Ich öffnete die Tür und sagte: »Es tut mir Leid, aber Madame fühlt sich nicht gut ...« Dann verstummte ich.

Vor mir stand der Marquis. Sein Gesicht war blutverschmiert, sein Mantel zerrissen und rußgeschwärzt. Aus seinem tänzelnden Schritt war das Torkeln eines Mannes geworden, der am Ende seiner Kräfte war. Aber selbst in diesem Zustand rang er noch um Selbstbeherrschung.

Pauline kam aus dem Zimmer hinter mir, eine Kerze in der Hand. »Wer ist es?«, fragte sie leise.

»Dein Onkel.«

»Nein!«

»Ja, meine Liebe.« Der Marquis brachte ein grimmiges Lachen zustande.

»Was wollen Sie?«

»Ich bin hier, weil dies das einzige Haus in ganz Paris ist, in dem ich vielleicht – und ich sage bewusst ›vielleicht‹ – Schutz finden kann. Ich habe mich so lange es ging im Palast versteckt gehalten. Sie hätten mich in Stücke gerissen. Und dasselbe würde mir passieren, wenn ich mich auf der Straße sehen ließe.«

»Setzen Sie sich, Onkel. Sind Sie verletzt?«

»Nein. Jedenfalls nichts Ernstes.«

»Ich werde Ihnen etwas zu trinken und zu essen holen. Pierre, würdest du mir bitte eine Schüssel mit Wasser und ein Handtuch bringen?«

»Sofort.«

Als ich das Zimmer verlassen wollte, hielt mich der Marquis zurück. Seinen Befehlston hatte er immer noch nicht abgelegt.

»Warte! Ich hoffe, du verrätst mich nicht an deine Freunde da draußen.«

Ich musterte ihn von oben bis unten, dann sagte ich steif: »Nicht alle da draußen sind meine Freunde. Sie sind Paulines Onkel, Monsieur. Ich tue alles für Sie, was Pauline möchte.«

Aber selbst das war ihm noch nicht genug. Als Pauline ihm ein Glas Wein und einen Teller mit Essen hinstellte, fragte er sie: »Kann man sich auf ihn verlassen?«

Sie sah ihn kalt an. »Ich vertraue Pierre mehr als jedem anderen auf der Welt. Und außerdem, soweit ich das beurteilen kann, haben Sie keine Wahl, Onkel.«

Er schlief in dieser Nacht mit mir zusammen in einem Bett. In einer revolutionären Situation geschehen die merkwürdigsten Dinge. Am nächsten Morgen verließ er die Wohnung. Er trug ein sauberes Hemd und einen Anzug von mir. Geld habe er genug, teilte er uns mit. Außerdem habe er auf dem Land viele Freunde. Wenn er Paris erst einmal verlassen habe, sei er so gut wie in Sicherheit.

Bevor er ging, bat er um einen Gänsekiel und Tinte. Er schrieb ein paar Zeilen auf ein Stück Papier und überreichte mir das Schriftstück mit einer Verbeugung.

Bevor ich mich beherrschen konnte, sagte ich: »Hoffentlich kein *lettre de cachet*, Monsieur.«

»Ganz im Gegenteil. Lies.«

Ich las.

»Der Maler Pierre Mercier ist ein loyaler Untertan seiner Majestät. Er hat mir während der unglaublichen Vorfälle in den Tuilerien einen wertvollen Gefallen erwiesen. Ich möchte, dass ihm Schutz gewährt wird und dass er keinerlei Bestrafung erfährt, wenn erst die Ordnung wiederhergestellt ist.

Paris, 11. August 1792

Philippe, Marquis de Morsac«

Ich zerriss das Papier in kleine Stücke. »Dieser Zettel hat kein anderes Schicksal verdient als Ihr *lettre de cachet*, Monsieur.«

»Du bist ein Narr«, sagte er gleichmütig. »Der Tag ist nicht fern, an dem du dir wünschen wirst, ein solches Papier zu haben. Aber, wie du willst.«

Damit machte er sich auf den Weg. Als er mit wieder gefundener Arroganz den Place du Carrousel überquerte – und dabei vermutlich eine Melodie aus einer bekannten Oper summte –, holperten gerade die ersten Karren mit ihrer grauenhaften Ladung über die Pflastersteine.

»Ich mache mir Sorgen um Madame«, sagte Pauline, als wir zwei Tage später von Berthes schlichtem Begräbnis zurückkamen.

»Sie nimmt sich den Tod Berthes sehr zu Herzen.«

»Sie sieht viel älter aus, Pierre, und wirkt so kraftlos. Wir müssen dafür sorgen, dass sie Paris verlässt.«

»Das haben wir doch schon einmal versucht, aber sie wollte nicht.«

»Jetzt will sie.« Pauline schien sich sehr sicher. Wie Madame, so war auch sie auf einen Schlag viel älter geworden, aber sie hatte nicht an Kraft eingebüßt, sie war erwachsen geworden.

»Wohin?«, fragte ich.

»Oh, in das Waldhaus natürlich, wohin sonst? Dort war sie immer glücklich. Es ist so ruhig und friedlich dort.«

»Inzwischen vielleicht nicht mehr. Das Haus liegt für meinen Geschmack zu nahe an der Grenze.«

»Trotzdem, eine andere Möglichkeit gibt es nicht.«

Ich wies sie darauf hin, dass in der Argonne wahrscheinlich schwere Kämpfe tobten, aber Pauline wischte meine Bedenken beiseite. Sie konnte sich einfach nicht vorstellen, dass der Krieg sogar in dieses friedliche Idyll mitten im Wald eindringen könnte. Alles, was sie wollte, war, Madame aus Paris herauszuschaffen.

»Kommst du mit uns, Pierre?«

Ich schaute sie an. »Das würde ich gern, lieber als alles andere. Aber ich hätte das Gefühl, mich zu drücken …«

»Ich weiß, was du meinst.« Ihre Augen umwölkten sich. »Ich würde mich sehr freuen, wenn du mitkommen könntest. Wenn du aber in einer Zeit wie dieser das Gefühl hast, woanders wichtiger zu sein, dann verstehe ich das.« Sie legte mir eine Hand auf den Arm. »Pass auf dich auf. Wenn – wenn dir irgendetwas zustoßen sollte …« Sie brach ab und fuhr dann schnell fort: »Das wäre das Ende für Madame.« Ich bin sicher, dass sie eigentlich etwas anderes hatte sagen wollen. »Das würde sie noch schlimmer treffen als die Sache mit Berthe. Sie liebt dich wie einen Sohn.«

»Vielleicht nehmen sie mich ja nicht«, sagte ich verlegen. »Vielleicht bin ich ihnen ja noch zu jung. Aber ich glaube nicht, dass sie es sich leisten können, mich wegzuschicken. Auf jeden Fall muss ich es versuchen.«

In jenen wilden Augusttagen hing eine riesige schwarze Fahne vor dem Rathaus. Auf ihr stand, in weißen Buchstaben, nur ein einziges Wort: ***Gefahr***.

Eine berechtigte Warnung.

Lafayette hatte, nachdem er gehört hatte, dass die königliche Familie im Gefängnis saß und der König abgesetzt worden war, mit der Revolution gebrochen. Er hatte versucht, seine Truppen nach Paris marschieren zu lassen, um die Autorität des Königs wiederherzustellen, aber seine Soldaten hatten ihm die Gefolgschaft verweigert. Also war er zur Grenze geritten und hatte sich den Österreichern ergeben.

Der Herzog von Braunschweig war mit achtzigtausend Mann nach Frankreich einmarschiert. Longwy war belagert und eingenommen worden. Zur Zeit wurde Verdun bombardiert oder war bereits gefallen, keiner wusste es.

Was konnte den Feind auf seinem Weg nach Paris aufhalten? Was taugte unsere eigene Armee? Wer konnte unseren Generälen trauen? Lafayette war gegangen. Wer würde der nächste sein?

Einen Marineoffizier in einem Café hatte ich sagen hören, die Flotte sei in einem katastrophalen Zustand. Wenn England oder Spanien plötzlich vom Meer her angreifen sollten, dann gebe es keinen einzigen französischen Flottenverband, der ernsthaft Widerstand leisten könne.

Viele Leute meinten, die Nationalversammlung täte besser daran, die Stadt mit der königlichen Familie als Geiseln zu verlassen und sich in einer der Städte im Westen, in Blois oder Tours, niederzulassen. Das aber konnte bedeuten, dass die Deputierten vom Regen in die Traufe gerieten, denn kurze Zeit später hieß es, der Marquis de la Rouerie sei dabei, in den westlichen Provinzen eine Gegenrevolution vorzubereiten, die losschlagen werde, sobald die Invasoren vor Paris stünden.

Überall wurden Komplotte geplant, ›Verrat‹ war zu einem der gängigsten Worte geworden. Alle schauten sich angstvoll um, so, als fürchteten sie, jeden Augenblick von hinten erstochen zu werden. Hinter jeder Ecke lauerten verkleidete Adelige und royalistische Verräter – jedenfalls konnte man das glauben, wenn man die Menschen beobachtete. Einer dieser Spione wurde eine oder zwei Wochen nach der Erstürmung der Tuilerien enthauptet. Es war das erste Mal, dass Dr. Guillotins humane Maschine für die Hinrichtung eines politischen Straftäters eingesetzt wurde. Es sollte nicht das letzte Mal bleiben.

Hunderte von Menschen waren inhaftiert worden, alle standen unter dem Verdacht, den Adel unterstützt zu haben. Es hieß, sie seien zu ihrer eigenen Sicherheit eingesperrt worden – um sie vor dem Mob zu schützen.

Ich war froh, dass Pauline auf dem Weg zu Madames Haus in der Argonne war. Als Nichte eines Marquis hätte sie schnell in Verdacht geraten können.

In jenen Jahren lernte ich, dass Menschen immer dann besonders argwöhnisch und grausam sind, wenn sie Angst haben. Und wie ängstlich wurden viele erst, als die preußischen Kanonen begannen, unsere Grenzbefestigungen zu zerschießen. Ganz vorsichtige Seelen traten jetzt sogar dafür ein, den Regierungssitz nach Korsika zu verlegen.

Der Einzige, der keine Angst zeigte, war der junge Rechtsanwalt mit der gespaltenen Lippe und der gebrochenen Nase. Madame hatte mit ihrer Einschätzung Dantons Recht gehabt. Ich wünschte, sie hätte ihn in seiner großen Zeit aus nächster Nähe erleben können. In weniger als einem Monat hatte er sich von einem Agitator zu einem Führer Frankreichs gewandelt. Er wurde in die Nationalversammlung gewählt, wurde Mitglied des Komitees für öffentliche Sicherheit und Justizminister, kurz: Er war die treibende Kraft der neuen Regierung.

Zum ersten Mal hatten alle das Gefühl, einen Führer mit klaren politischen Vorstellungen zu haben. Mir fiel ein, wie verächtlich er über Lafayette gesprochen hatte, wie er ihn einen Schwächling im Besitz der Macht genannt hatte. Jetzt erlebten wir einen starken Mann an der Macht. Wenn er aufstand, um zu sprechen, erinnerte er an den Stier, der ihn in seiner Kindheit auf die Hörner genommen hatte. Er gehörte nicht zu den Leuten, die komplizierten Theorien anhingen; was er sagte, hatte Hand und Fuß. Er dachte praktisch und erinnerte mich damit an die einfachen Bauern in Valaire.

Frankreich müsse zusammenstehen, sagte er immer wieder. Solange der Feind auf unserem Boden stehe, müssten wir unsere eigenen kleinen Meinungsverschiedenheiten vergessen. Nur eine revolutionäre Diktatur könnte uns aus unserer derzeitigen Misere herausführen. Wenn der Feind erst einmal vertrieben war, würden wieder normale Zustände einkehren. Wir würden eine Republik bekommen, aber das Privateigentum würde respektiert werden. Die Freiheit des Einzelnen würde uns heilig sein.

In der Zwischenzeit standen wir aber vor dem Problem, wie man den Feind aus Frankreich vertreiben konnte. Es war keine einfache Aufgabe, allerdings auch keine unlösbare. Wir mussten so viele Männer und so viel Geld wie möglich auftreiben. Wir mussten den Generälen trauen, weil wir keinen Ersatz für sie hatten. Da wir über keine Flotte verfügten, die diesen Namen verdiente, mussten wir Englands Freundschaft suchen und dafür sorgen, dass von dort kein Angriff kam. Was die

Preußen und die Österreicher anging, so mussten wir versuchen, die beiden gegeneinander auszuspielen.

Ich war an jenem zweiten September auf dem Marsfeld, als Danton seine berühmte Rede hielt, in der er zur Aufstellung neuer Freiwilligenregimenter und zum Marsch an die Front aufrief. Ich habe immer noch das Ende dieses Appells im Ohr:

»Wenn sogleich die Sturmglocke zu läuten beginnen wird, ist das kein Alarmsignal, sondern das Zeichen zum Sturm gegen die Feinde des Vaterlandes.« Er machte eine Pause und schaute über unsere Köpfe hinweg, dann ballte er die Faust und reckte sie in den Himmel: *»Um die Feinde zu besiegen, meine Herren, brauchen wir Kühnheit, nochmals Kühnheit, immer wieder Kühnheit, und Frankreich ist gerettet!«*

Diesen Tag werde ich wohl nie vergessen. Es war der Tag, an dem ich die Uniform der Nationalgarde anlegte. Am nächsten Morgen marschierte ich mit Tausenden nichtausgebildeter Freiwilliger aus Paris heraus. Am Kopf des gewaltigen Zuges marschierte eine Kapelle, sie spielte die Marseillaise.

21 *Die Kanonade von Valmy*

»Wie, hast du gesagt, heißt der Ort?«

»Valmy«, stöhnte ich erschöpft, schob mir die Tragegurte meines Rucksacks von den Schultern und ließ mich auf das nasse, zertrampelte Gras fallen.

»Nie gehört«, sagte mein Nachbar und spuckte auf die Straße.

Er war Druckerlehrling. Wie die meisten anderen aus meiner Kompanie – Kellner, Perückenmacher, Schreiner und Glasarbeiter – war er noch nie weit von Paris weg gewesen. Die zwei Wochen Marsch durch Regen und Schlamm, die Übernachtungen in Scheunen, die gegenseitige Behandlung unserer Blasen und die Witze und Lieder, die wir zum Besten gaben, um uns bei Laune zu halten, hatten uns zu Freunden gemacht.

Es waren zwei anstrengende Wochen gewesen. Wir wussten nur vage, was vor sich ging. Wenn wir doch einmal ausführliche Informationen erhielten, verhießen sie nichts Gutes, und wir wünschten uns, wir hätten sie nicht bekommen.

Zuerst war Verdun gefallen. Am Tag der Rede Dantons auf dem Marsfeld hatte die Garnison von Verdun gemeutert, ihr Kommandant hatte sich erschossen und die Preußen waren in die größte Festung Frankreichs einmarschiert.

Der Feind war über die Maas gekommen. Die Preußen in der Mitte, rechts und links von ihnen je eine österreichische Armee. Insgesamt waren einhundertdreißigtausend ausländische Soldaten nach Frankreich eingedrungen. Und als wäre das alles noch nicht genug, wurden sie von fast fünftausend Franzosen begleitet – Adeligen und anderen Exilanten, die zurückgekommen waren, um die Revolution zu vernichten.

Unsere eigene Armee war geteilt worden. Ein Teil unter General Dumouriez sollte versuchen, die schmalen Durchgangstäler durch die Argonne zu halten, der andere Teil, zu dem wir gehörten, sollte zu den Truppen des Generals Kellermann in der Nähe von Metz stoßen. Als wir ihn endlich erreicht hatten, erhielten wir den Befehl, umgehend kehrtzumachen und zurückzumarschieren, so schnell uns unsere schmerzenden Füße trugen. Wir fluchten, bis uns jemand sagte, warum.

Wir mussten unbedingt General Dumouriez erreichen und uns mit seinen Truppen verbinden.

Die Preußen hatten sich ihren Weg durch die engen Täler der Argonne freigeschossen. Dumouriez und seine Truppen waren in die Ebene zurückgedrängt worden. Der Herzog von Braunschweig hätte geradewegs nach Paris marschieren können. Da er aber ein methodisch vorgehender General war, mochte er es nicht, wenn sich in seinem Rücken noch Feinde aufhielten. Er hatte kehrtgemacht, um Dumouriez und seine Truppen in den Boden zu stampfen. Danach wollte er in aller Ruhe nach Paris marschieren. Wir schafften es, gerade noch rechtzeitig. Wir erreichten Dumouriez am neunzehnten September, einen Tag vor dem Angriff der Preußen.

Merkwürdig, dachte ich bei mir, dass ich nun doch noch nach Valmy komme – auf diese Weise!

Auf meine Ellenbogen gestützt, schaute ich zu den nebelverhangenen Hügeln hinüber, die ich mittlerweile als meine Heimat betrachtete. Es war gerade mal vier Jahre her, dass ich als verträumter Junge mit einem Skizzenblock unter dem Arm hier gewandert war, auf genau dieses Dorf hinuntergeschaut hatte, mich fragend, ob es sich lohnte, Valmy einen Besuch abzustatten, und dann zu dem Schluss gekommen war, dass es wohl nicht der Mühe wert war. Jetzt lag ich hier, in der blauen Uniform der neuen Republik, mit einer Muskete statt eines Zeichenstifts, und fragte mich, ob ich wohl in vier Tagen, geschweige denn in vier Jahren, noch leben würde.

Irgendwo dort oben, mitten im regennassen Waldland, waren Pauline und Madame. Ob sie wohl in Sicherheit waren? Warum musste es ausgerechnet hier, in der Nähe von Aulard, zu Kämpfen kommen? Warum waren die Preußen nicht über die großen Straßen und die Pässe nach Westen gezogen?

Aber für Tagträume war jetzt keine Zeit. Der Sergeant unserer Einheit rannte die Linien entlang und brüllte: »Macht, dass ihr auf eure Plätze kommt!«

Der nächste Morgen dämmerte grau und nebelverhangen herauf. Wir hatten Befehl erhalten, auf einen kleinen Bergrücken zu marschieren und zusammen mit den anderen auf dem höchsten Punkt Stellung zu beziehen. Die preußischen Linien lagen nun direkt unter uns im Nebel.

Hier oben zu stehen war ziemlich unerfreulich. Ich fühlte mich alles andere als gut. Alle waren ziemlich blass. Vielleicht war es aber auch nur das kalte Licht, das allen Dingen die Farbe entzog. Selbst die Kanonen sahen stumpf und schmutzig aus, obwohl ich gesehen hatte, wie die Kanoniere die Rohre poliert hatten, als stünde eine Inspektion bevor und nicht eine Schlacht.

Mir war nach Davonlaufen zu Mute, aber ich hatte ja gewusst, worauf ich mich einließ, als ich mich freiwillig meldete. Also machte ich mir Mut, indem ich auf unsere Kanoniere vertraute. Sie waren Elitesoldaten, hatten in der alten königlichen Armee gedient und galten als die besten Artilleristen Europas. Auf ihre Art waren sie genauso berühmt und gefürchtet wie die preußischen Grenadiere. Es wäre mir allerdings lieber gewesen, wir hätten ein paar hundert Kanonen gehabt und nicht nur eine Hand voll.

Der Nebel wurde dünner und nun konnten wir erkennen, dass unser Bergrücken steil in eine Schlucht abfiel. Am Fuß der Schlucht sah ich einen kleinen Fluss. Auf der anderen Seite der Schlucht erhob sich ein weiterer kleiner Bergrücken, der unserem genau gegenüberlag. Dort hatten inzwischen die Feinde Stellung bezogen.

Die meisten von ihnen waren Preußen. Ihre grauen Mäntel hatten dieselbe Farbe wie der Matsch und der nassgraue Himmel. Aber ich sah auch Österreicher in ihrem dandyhaften Weiß. Und auch Franzosen waren darunter. Mit einem bitteren Lachen machte uns unser Sergeant auf das Regiment der Royalisten aufmerksam in ihren improvisierten Uniformen: rote Jackenaufschläge und grobe gelbbraune Hosen.

»Wir werden ihnen die Hosen schon noch ausziehen«, sagte er spöttisch. »Sie sollen uns nur nicht zu nahe kommen! Ihre Gesichter werden rot wie ihre

Jackenaufschläge sein, wenn sie erst mit fliegenden Rockschößen vor uns fliehen müssen!«

Es würde nicht ganz der Wahrheit entsprechen, wenn ich behaupten würde, dass ich unter ihnen die sinistre Gestalt des Marquis de Morsac entdeckt hätte. Die Entfernung war zu groß, um einzelne Gesichter erkennen zu können. Er war da, kein Zweifel, nur gesehen habe ich ihn nicht.

Fürchten mussten wir vor allem die preußische Infanterie. Wir hatten gehört, wie das war, wenn sie einen Bajonettangriff machten, wie sie mit eiserner Disziplin unerbittlich und unaufhaltsam vorrückten, gleichgültig, wie viele ihrer Kameraden rechts und links von ihnen zu Boden sanken. Ihr großer König Friedrich hatte sie zu einer unmenschlichen Waffe geformt. Friedrich war mittlerweile tot, aber der Herzog von Braunschweig war sein Neffe. Er wusste ganz genau, wie man die Waffe, die sein Onkel erfunden hatte, einsetzen musste.

Ob wir ihnen standhalten konnten? Wir wussten es nicht. Viele von uns hatten noch nie an einer Schlacht teilgenommen. Die meisten waren erst seit einer oder zwei Wochen Soldat. Wir konnten nur hoffen, dass wir die Nerven behalten und zusammenstehen würden, wenn der Augenblick kam. Aber keiner von uns wusste, ob er das konnte.

Wenn nur der Augenblick bald käme! Die Warterei war quälend.

Wir sangen, um den Mut nicht zu verlieren. Alle möglichen Lieder sangen wir, alte und neue. Natürlich auch die Marseillaise. *»Marchons, marchons!«*, sangen wir – und wünschten uns, wir könnten marschieren. Stattdessen mussten wir hier oben verharren, mussten um jeden

Preis diesen kleinen Bergrücken halten. Die Flügel einer Windmühle unten im Tal standen regungslos und zeichneten ein schmutziges, schwarzes Kreuz in den Himmel.

Wir sangen ein neues Revolutionslied. »*Ça ira* …«, was so viel heißt wie: ›Das wird schon gehen.‹ Ich fragte mich verdrießlich, was wohl gehen würde. Würde die neue Ordnung sich behaupten oder die alte? Würde der heutige Tag das Ende aller Probleme bringen – oder den Tod unserer jungen Republik?

Der Morgen zog sich hin. Die Preußen bewegten sich nicht einen Schritt auf uns zu. Stattdessen begannen ihre Kanonen zu feuern. Unsere antworteten. Der Herzog von Braunschweig, bekanntermaßen ein vorsichtiger Soldat, dachte nicht daran, die Dinge zu überstürzen. Er hatte seine feste Reihenfolge. Zuerst kam der Beschuss, um die Nerven des Gegners zu zermürben und den Widerstand zu brechen. Also spielten nun Stunde um Stunde die Kanoniere ihr mörderisches Spiel. Monoton, in immer gleichen Abständen, donnerte eine Kanone, das schwere Geschoss flog pfeifend über die Schlucht hinweg auf die andere Seite und von der Kanone stieg eine schmutzig-gelbe Rauchwolke auf, die sich in der leichten Brise langsam auflöste.

Die meisten Geschosse richteten wenig Schaden an. Manchmal aber mähte eine Kugel gleich mehrere Männer auf einmal nieder und wir hatten Tote und Verwundete zu beklagen. Und wer einen Mann gesehen hat, der schreiend weggetragen wird, weil ihm eine Kanonenkugel ein Bein abgerissen hat, der fängt natürlich an darüber nachzudenken, wo die nächste Kugel landen wird. Ich weiß noch, dass ich darüber ins Grübeln geriet, ob ich wohl mit der linken Hand zeichnen und malen könnte, wenn ich den rechten Arm verlieren sollte.

Der Sergeant war klug genug, uns die Marseillaise singen zu lassen. Sie schien mir wie für diesen Morgen geschrieben. Ich hoffte nur, dass der ›Tag des Sieges‹ auch tatsächlich gekommen war.

Kellermann ritt unsere Linien ab. Gelegentlich blieb er stehen, um uns ein Wort der Aufmunterung oder des Lobes für unsere Standhaftigkeit zu sagen. Er war ein im Pulverdampf ergrauter, fast sechzig Jahre alter Soldat, einer der wenigen Generäle, die von Beginn an für die Revolution eingetreten waren. Er stammte aus dem Elsaß. Wie ich kämpfte er also sozusagen vor der eigenen Haustür. Ein Stückchen von mir entfernt zügelte er sein Pferd und blieb stehen. Es tat mir gut, hin und wieder einen Blick in seine Richtung zu werfen. Bewegungslos wie eine Statue saß er auf seinem Pferd und starrte zum Feind hinüber.

Einmal dachte ich, wir hätten ihn verloren. Eine preußische Kanonenkugel landete mitten in seinem Stab. Plötzlich herrschte große Verwirrung, Pferde wieherten und stiegen hoch. Kellermann war verschwunden. Wenige Sekunden später tauchte er wieder auf, drehte seinen Kopf erst in die eine, dann in die andere Richtung und winkte mit dem Hut, um die Soldaten zu beruhigen. Sein Pferd war, wie wir kurze Zeit später hörten, unter ihm getötet worden. Kellermann war unverletzt geblieben und sofort mit blutverschmierten Reithosen auf ein anderes Pferd gesprungen.

Mittlerweile war es fast zwölf. Alle fragten sich, wie lange der Herzog die sinnlose Kanonade noch fortsetzen wollte.

»Es wird allmählich langweilig«, sagte ich zu meinem Nachbarn zur Rechten, aber bevor er antworten konnte, geschah etwas, was alles andere als langweilig war. Eine der Kugeln war wohl in einem der hinter uns stehenden Pulverwagen gelandet. Glücklicherweise standen die Wagen ein Stück weit entfernt. Es gab eine gewaltige Explosion, unvergleichlich viel lauter als der Kanonendonner, den wir den ganzen Morgen gehört hatten. Holzsplitter, Räder und Eisenstücke wurden hochgeschleudert und kamen als tödlicher Hagel wieder herunter. Der Boden war übersät mit zu Boden geschleuderten Männern. Die meisten rappelten sich wieder hoch, einige aber blieben regungslos liegen.

Der Sergeant kam vorbei und rief: »Jetzt dauert's nicht mehr lang, Burschen! Wenn sie kommen, dürft ihr nicht die Nerven verlieren. Denkt an das, was ihr gelernt habt. Zielt tief. Besser, ihr trefft ihre Beine, als dass ihr ihnen die Hüte vom Kopf schießt. Feuert nur auf Befehl und ladet so schnell wie möglich nach, fummelt nicht herum.«

Er hatte Recht. Er kannte die Zeichen. Sie kamen, endlich kamen sie, die Preußen!

Das Trompetensignal ertönte, die Kesselpauken wurden geschlagen, um den Takt vorzugeben, dann bewegte sich die lange Reihe der Preußen nach vorn. Wie eine graue Welle mit einem Kamm aus hellem Stahl ergossen sie sich den grasbewachsenen Abhang hinunter in das enge Tal, das uns trennte.

»Wartet den Befehl ab!«, rief unser Sergeant. Er hob sein Schwert, drückte die Muskete eines der Jungen herunter, der zu früh geschossen und zu hoch gezielt hatte, und schrie: »Feuer!«

Von einem Ende des Bergrückens bis zum anderen blitzte Mündungsfeuer auf. Beißender Qualm stieg mir in Augen und Nase. Als ich durch die Rauchschwaden starrte, sah ich die Preußen auf uns zukommen, als wäre nichts geschehen. Ich geriet in Panik. Hatten wir etwa alle unser Ziel verfehlt? Dann fiel mir siedend heiß ein, dass ich das Nachladen vergessen hatte.

Nein, die Preußen waren stehen geblieben, aber nur, um unsere Salve zu erwidern. Ihre Musketen schwangen in die Waagerechte, Tausende glänzender Gewehrläufe richteten sich auf uns. Es war unglaublich, mit welcher Präzision das Ganze ablief. Trotz der langen Bajonette, die vorne aufgesteckt waren, hielten sie die Läufe ihrer Musketen absolut ruhig. Mündungsfeuer flammte auf, Rauch quoll aus den Läufen, Kugeln pfiffen. Als die Salve verklungen war, konnte ich es kaum fassen, dass ich noch lebte und nicht einmal verletzt war.

Unsere Kanoniere hatten unterdessen ihr Feuer nicht eingestellt. Der Lärm war ohrenbetäubend, der Hügel erzitterte. Das Donnern der Kanonen rollte hinüber zu dem in der Ferne verlaufenden Fluss, prallte gegen die Felsen dahinter und kam als Echo zurück.

In der grauen Masse der Preußen waren jetzt Lücken zu erkennen. Sie hatten den Fluss überquert und angefangen, den Hügel hinaufzumarschieren, auf dem wir saßen. Aber sie marschierten nicht mehr im Takt der Kesselpauken. Der Boden der Schlucht und die Abhänge zu beiden Seiten waren mit Leichen übersät. Und trotzdem marschierten sie weiter, mit weit aufgerissenen Augen, pfeifendem Atem und stoßbereit gesenkten Bajonetten kamen sie auf uns zu.

Ich weiß nicht, was passiert wäre, wenn sie uns erreicht hätten. Sie schafften es nicht. Selbst Preußen konnten wohl bei einem derartigen Beschuss nicht einfach weitermarschieren.

Sie blieben stehen, feuerten zwar noch auf uns, marschierten aber nicht weiter. Dann erklangen wieder Trompetenstöße. Der Herzog von Braunschweig wusste wohl genau, wie viel er seinen Männern zumuten konnte. Die graue Flut wich, den Abhang hinunter, über den Fluss und die andere Seite wieder hinauf. In perfekter Marschordnung erreichten die Preußen wieder ihre alten Stellungen. Wir jubelten und schrien wie die Verrückten, einige Übereifrige wollten den Preußen nachsetzen, aber Kellermann wusste, dass das nicht ratsam war.

Den ganzen regnerischen Septembernachmittag donnerten auf den Hügeln von Valmy die Kanonen. Bei Sonnenuntergang befahl der Herzog einen zweiten Angriff. Aber unser Selbstbewusstsein war in der Zwischenzeit gewachsen, das der Preußen war geschrumpft. Dieser zweite Angriff war mit dem ersten überhaupt nicht zu vergleichen. Er verpuffte wirkungslos. Als es dämmrig wurde, schwiegen auch die Kanonen.

Obwohl bei dieser Schlacht nur wenige hundert Männer gefallen waren, viel weniger als bei der Erstürmung der Tuilerien ihr Leben gelassen hatten, hallte der Donner der Kanonade von Valmy noch viele Jahre lang in Europa nach.

Der deutsche Dichter Goethe sah das voraus. Wie ich erst viel später erfuhr, hatte er die Schlacht vom gegenüberliegenden Hügel beobachtet. *»Von hier und heute«*, schrieb er, *»geht eine neue Epoche der Weltgeschichte aus, und ihr könnt sagen, ihr seid dabeigewesen.«*

Auch ich kann das von mir sagen und ich bin froh, dass ich auf der Seite eines neuen Zeitalters gekämpft habe.

»Ich habe immer gewusst, dass der junge Danton aus dem richtigen Holz geschnitzt ist«, sagte Madame anerkennend. »Ein ungeschliffener Diamant, aber durch und durch echt. Er liebt Frankreich und nicht irgendwelche Theorien. Er wird es schaffen.«

Es war der letzte Dezembertag. Wieder, wie in den Jahren zuvor, standen Weingläser auf dem Tisch, damit wir uns um Mitternacht zuprosten konnten. Monsieur Legrand verbrachte den Abend mit uns zusammen, und dieses Mal war auch Pauline dabei.

Ich hatte ihnen von der Schlacht erzählt, die vor drei Monaten stattgefunden hatte.

»Es war wie ein Wunder«, sagte ich. »Den ganzen nächsten Tag haben wir darauf gewartet, dass die Preußen uns erneut angreifen würden, sie taten es nicht. Als sie sich auf den Rückmarsch nach Deutschland machten, trauten wir unseren Augen nicht.«

»Wir haben uns eine gute Gelegenheit entgehen lassen«, brummelte Monsieur Legrand. »Wir hätten sie angreifen und ihnen eine Lektion erteilen sollen.«

Madame schnaubte ungehalten, ein Teil ihres rebellischen Geistes war wiedererwacht. »Sie haben leicht reden«, sagte sie grob. »Sie haben zu Hause gesessen und Ihre Heilsäftchen gemischt. Danton wusste genau, was er tat. Er ließ die Preußen aus Frankreich herausmarschieren, so schnell sie wollten. Er wusste, dass sie bei dieser Schlacht nicht mit den Herzen dabei gewesen waren. Hätte er sie aber gereizt, hätte er sie gezwungen, kehrtzumachen und zu kämpfen, dann wäre die Sache möglicherweise etwas anders ausgegangen.«

»Danton hat richtig entschieden«, sagte ich. »Er wollte Frankreich retten, nicht preußische Soldaten töten.«

Es war merkwürdig gewesen, hinter den Preußen herzumarschieren, Meile für Meile, bis zur Grenze, immer mit dem strikten Befehl, nicht zu schießen, solange sie nicht schossen. Viele hatten diese Entscheidung kritisiert und von mangelnder Entschlossenheit gesprochen. Es war nicht einfach gewesen, Disziplin zu halten, aber wir hatten es geschafft.

»Pierre weiß, wovon er spricht«, sagte Madame. »Schließlich ist er hier am Tisch der ›Veteran von Valmy‹.«

Sie ärgerte mich gern mit diesem Spitznamen. Es war schön zu sehen, dass sie einen Teil ihrer alten Lebendigkeit zurückgewonnen hatte. Nur gut, dass sie sich inzwischen damit abgefunden hatte, hier auf dem Land zu bleiben. Über eine Rückkehr nach Paris wurde nicht gesprochen. In Paris waren im Laufe des Herbstes schlimme Dinge geschehen. Es hatte Massaker und Exekutionen gegeben. Zur Zeit stand der König vor Gericht. Ihm drohte die Todesstrafe. Madame hätte es in dieser Zeit in Paris wohl kaum gefallen.

Sie hatte wieder angefangen zu malen und ein kleines Ölbild angefertigt, das sich so sehr von ihren früheren Bildern unterschied, dass viele Leute meinten, es handele sich gar nicht um einen echten Vairmont.

Das Bild zeigt ein offenes Fenster, durch das man herbstlich gefärbte Bäume sieht. Im Zimmer kniet ein Mädchen, die Hände gefaltet, das Gesicht abgewandt.

Ich erkannte sie natürlich sofort an ihrem Haar und der Art, wie sie ihre Schultern hielt. Und ich kannte das Fenster. Monsieur Legrand, der auch zu seinen besten Zeiten nicht gerade ein Kunstliebhaber war, erwies sich dieses Mal als ungewöhnlich begriffsstutzig. Er starrte kurzsichtig auf das Bild.

»O Madame, diese Art von Bildern verstehe ich einfach nicht. Ich ziehe es vor, wenn ein Bild eine Geschichte erzählt. Ich wünschte, Sie würden mehr solche Bilder malen. Was macht die junge Dame da? Wartet sie auf ihren Liebsten? Oder betet sie? Was hat die Haltung der Hände zu bedeuten? Faltet sie sie zum Gebet oder weil sie aufgeregt ist? Wie werden Sie das Bild nennen? Ein guter Titel kann eine große Hilfe sein.«

Madame schaute mich an. Wir amüsierten uns beide über Monsieur Legrand.

»Ich werde es ›*Kanonade von Valmy*‹ nennen«, sagte sie ruhig. »Denn von hier oben aus haben wir nur den Kanonendonner gehört. Was wir nicht wussten, war, dass Pierre mitten drin war.« Sie warf mir einen Blick zu, den Monsieur Legrand nicht sehen konnte. »Aber Pauline hat gespürt, dass Pierre in Valmy war.«

Pauline war auf einmal sehr verlegen. Sie verließ das Zimmer. Ich hielt das für eine gute Gelegenheit, ihr nachzugehen.

Madame war entzückt, als wir zurückkamen und ihr etwas zuflüsterten.

»Das wird eine echte Neujahrsfeier!«, rief sie. »Wenn Vater Gamain morgen zum Essen kommt, können wir mit ihm die Hochzeit besprechen.«

Und während die letzten Minuten des Jahres 1792 vergingen, saßen wir um den Tisch herum und machten

Pläne. Es gab keinen Grund mehr zu warten. Madame meinte, wir seien zwar noch jung, aber alt genug.

Um irgendwelche Einwilligungen machten wir uns keine Gedanken. Der Marquis hatten offen gegen Frankreich gekämpft. Keiner würde ihm die Rechte eines Bürgers der neuen Republik zugestehen – schon gar nicht das Recht, seiner Nichte einen bestimmten Ehemann vorzuschreiben.

Wir hatten natürlich kein Geld, aber wir glaubten an uns. Madame meinte, ein Künstler wie ich würde immer genügend Geld für sich und seine Familie verdienen können.

»Denk immer daran, Pierre, wir leben im neuen Frankreich. Hier gilt das Motto Englands: Talent ist der Schlüssel zum Erfolg.«

Die goldene Uhr begann zu schlagen. Hastig füllten wir unsere Gläser und hoben sie.

»Auf das neue Jahr!« verkündete Monsieur Legrand. »Auf 1793!«

Wir tranken und warteten schweigend ab, bis die zwölf Schläge der Uhr verklungen waren. Alle dachten an die Zukunft. Gott sei Dank wissen wir meistens nicht, was sie bringt. Keiner von uns ahnte damals, dass Danton achtzehn Monate später von Robespierre auf die Guillotine geschickt werden würde – und dass Robespierre dasselbe Schicksal widerfahren würde. Wir wussten nicht, dass ein korsischer Offizier namens Bonaparte Frankreich in ein Zeitalter kriegerischer Auseinandersetzungen führen würde, die erst zu Ende gehen sollten, als unsere Kinder so alt waren wie wir damals ...

Ja, ich bin wirklich froh, dass wir das alles nicht wussten, als wir unser Glas auf das neue Jahr leerten.

Monsieur Legrand küsste Pauline und schüttelte mir überschwänglich die Hand.

»Ein langes Leben in Wohlstand«, sagte er strahlend.

Ich dachte an meine leere Geldbörse und antwortete lachend: »Was aus dem Wohlstand wird, weiß ich nicht. Ich denke, wir werden zufrieden sein, wenn wir ein sicheres Leben führen.«

Madame schnaubte wie ein gut gelauntes Mammut.

»Sicherheit!«, sagte sie verächtlich. »Wozu brauchen junge Menschen Sicherheit? Sicherheit ist etwas für uns Alte. Jugend ist die Zeit des Abenteuers.«

»Bravo!«, rief Pauline. »Ich bin ganz Ihrer Meinung.«